中宣部 2024 年主题出版重点出版物

中国式现代化的发展逻辑

The Development Logic of Chinese Modernization

韩庆祥 ◎ 著

河南人民出版社
·郑州·

图书在版编目(CIP)数据

中国式现代化的发展逻辑 / 韩庆祥著 . -- 郑州：
河南人民出版社, 2025. 2. -- ISBN 978-7-215-13646-5

Ⅰ . D61

中国国家版本馆 CIP 数据核字第 20243UX032 号

河南人民出版社 出版发行

（地址：郑州市郑东新区祥盛街 27 号 邮政编码：450016 电话：0371-65788060）

新华书店经销　　　　　　　　郑州龙洋印务有限公司印刷

开本　710 mm×1000 mm　　　1/16　　　　印张　13.5

字数　150 千

2025 年 2 月第 1 版　　　　　2025 年 2 月第 1 次印刷

定价：52.00 元

前　　言

深刻把握"中国式现代化新道路"丰富内涵

习近平总书记在庆祝中国共产党成立100周年大会上指出："走自己的路，是党的全部理论和实践立足点，更是党百年奋斗得出的历史结论。中国特色社会主义是党和人民历经千辛万苦、付出巨大代价取得的根本成就，是实现中华民族伟大复兴的正确道路。我们坚持和发展中国特色社会主义，推动物质文明、政治文明、精神文明、社会文明、生态文明协调发展，创造了中国式现代化新道路，创造了人类文明新形态。"从"走自己的路"到"中国特色社会主义道路"，再到"中国式现代化新道路"，是对中国道路主要是中国特色社会主义道路的形成发展逻辑、本质特征、重要地位、世界意义的全面阐述，创造了"中国式现代化新道路"，是对中国实践、中国创造之世界意义的高度凝练和概括，也是习近平总书记"七一"重要讲话中具有深刻政治内涵和丰富学理含量的新的重大论断。

厘清三个基本概念

习近平总书记"七一"重要讲话提出了三个逻辑相关但也有区别的概念。我们首先需要厘清这三个概念,这是科学研究的前提。一是"走自己的路",这是中国特色社会主义道路、中国式现代化道路、中国式现代化新道路共有的特征,即"走中国自己的路",它是党百年奋斗并总结经验教训得出的历史结论,旨在破除中国道路问题中的本本主义、教条主义、拿来主义。二是"中国特色社会主义道路",这是走自己的路在改革开放和社会主义现代化建设新时期的具体体现,是党和人民历经千辛万苦、付出巨大代价取得的根本成就。在我国社会主义建设实践中,我们摸索出了一条基本经验,那就是所选择的道路,既要坚持社会主义根本原则,也要适合中国国情。三是"中国式现代化新道路",这是从现代化的具体实现形式角度讲的,它既相对于西方式现代化道路而言,也相对于改革开放之初那种中国式现代化道路而言,是指在新时代坚持和发展中国特色社会主义道路进程中创造出来的中国式现代化新道路,是在新时代对邓小平提出的"中国式现代化道路"的坚持和发展。

如果说"走自己的路""中国特色社会主义道路"相对注重"中国国情",那么,在新时代中国特色社会主义发展历史已经成为世界历史且影响世界历史的场景下,"中国式现代化新道路"更加突显新时代中国式现代化道路之"新"及其世界意义。

力求全面精准揭示"中国式现代化新道路"的深刻内涵

中国式现代化新道路,属于"现代化"道路,具有"原体规定",需要遵循现代化发展的一般规律。这一规律可分两个层面:一是从现代化一般要素来讲,在从农业社会向工业社会转变的历史进程中必然注重工业化,在工业化进程中必然注重市场经济和科学技术,市场经济和科学技术发展在解放和发展社会生产力的同时,内在注重政治领域的民主法治、文化领域的自由平等和社会领域的公平正义。这是注重现代化各要素环环相扣、相互促进的规律。二是从现代化历史发展进程来讲,在现代化"起飞"的初期阶段,首先必须注重激活经济社会发展的动力,没有动力何谈起飞;在现代化进一步深入"稳定"发展阶段,在激活经济社会发展动力的同时,必须相对注重保持经济社会发展的平衡,发展失衡是要"翻车"的;当经济社会发展动能不足、失衡失稳时,治理是关键,治理滞后,难以使动力和平衡达到统一。

中国式现代化新道路,属于当代"中国式"的道路,具有"空间规定"。所谓当代"中国式"的道路,在政治上体现为坚持中国共产党领导;在经济上体现为坚持社会主义市场经济体制,走共同富裕道路;在文化上体现为坚持以人民为中心;在社会上体现为坚持公平正义,推动社会全面进步和人的全面发展;在生态上体现为坚持人与自然和谐共生。

中国式现代化新道路,是从中国历史发展进程中走出来的,具有"过程规定"。它蕴含着中国共产党人在历史发展进程中立足历史方位不断与时俱进地探索和开创中国道路而积累起来的首要"基本经验",这就是中国道路既要符合中国国情,也要坚持社会主义。

中国式现代化新道路之"新",也具有"关系规定"。它既是在与西方式现代化道路相区别意义上说的,也是对我国改革开放之初中国式现代化道路与时俱进地坚持和发展而言的。它新在相对于西方式现代化道路的"中国式";新在相对于改革开放之初中国式现代化道路注重解放和发展社会生产力,而进入"新时代"的中国式现代化新道路则致力于以国家治理现代化实现强起来的目标,推进物质文明、政治文明、精神文明、社会文明、生态文明协调发展;新在"历史成为世界历史"的场景中,新时代中国式现代化新道路具有全新的世界意义。这一点易被人们忽视,一定意义上也确实被忽视了。把"现代化"发展一般规律、"中国式"、"基本经验"和"新"四者结合起来并取其精髓,可以揭示中国式现代化新道路及其"新"的丰富内涵:在人口规模巨大、超过现有发达国家人口总和的发展中国家搞现代化,坚持社会主义且符合中国国情;坚持不断与时俱进且具有开放性、创造性;坚持中国共产党领导;坚持以人民为中心,注重解放和发展社会生产力,逐步实现全体人民共同富裕,不断促进人的全面发展,致力于实现强起来的目标;坚持"物质文明、政治文明、精神文明、社会文明、生态文明"协调发展,注重人与自然和谐共生;坚持动力、平衡和治理有机统一;坚持生命至上、美好生活、高质生产、保护生态相统一;坚持走和平发展道路,注重构建人类命运共同体。上述内涵作为一个有机整体,高度凝练、纲举目张、简明扼要、秉要执本。

由此可得到两点启示:一是中国式现代化新道路拓展了发展中国家走向现代化的途径,为那些既希望加快发展而又希望保持自身独立性的国家和民族提供了全新选择,改变了长期以来西方式现代化模式占主导地位并垄断话语权的格局,打破了"全球化＝西方化、西方化＝现代化、现代化＝市场化"的思维定式和"美丽神话";二是中国式现代化新道路注重运用市场和资本,但不被市场和资本所统治,它更强调以人民为中心,为人类对更好社会制度的探索提供了中国智慧。

"中国式现代化新道路"可以创造和内生出"人类文明新形态"

中国式现代化新道路和人类文明新形态是相互贯通、交互作用、合二为一的关系。中国式现代化新道路是在对中华民族悠久文明的传承中走出来的,具有中华传统文化的基因,它注重的"以人民为中心""构建人类命运共同体",所蕴含的"整体协调""多元包容"等理念,便是如此。

人类文明新形态是在中国式现代化新道路基础上创造和内生

出来的。它超越了西方式现代性文明形态,但又不仅仅局限于中国式现代化文明形态,而是从中国式现代化新道路中开辟出来的,同时也是人类文明中符合时代发展趋势、具有光明前景、正确引领时代潮流的一种新的文明形态。

中国式现代化新道路传承了中华优秀传统文化中以民为本、世界大同的理念,同时又对其实行创造性转化和创新性发展,把以民为本转化为以人民为中心,把世界大同转化为积极推动构建人类命运共同体。以人民为中心、坚持人民至上,超越了西方式现代化道路中资本至上的所谓"资本主导"逻辑;构建人类命运共同体坚持"主—主"平等的哲学思维,主张兼济天下、协和万邦、美美与共的和谐世界的逻辑,超越了西方式"主—客"二分的哲学思维与"西方中心论"所生长出的"国强必霸"的逻辑。

人类文明新形态是从中国式现代化新道路中开辟出来的。文明的发展状态如何,取决于"道路"状况如何。在我国改革开放之初,中国特色社会主义道路致力于解放和发展社会生产力,注重物质文明建设。随着改革开放的不断深化,中国特色社会主义道路进一步注重物质文明和精神文明协调发展,进而注重物质文明、精神文明、政治文明协调发展,再进一步注重物质文明、政治文明、精神文明、社会文明协调发展。党的十八大以后,随着全面深化改革的开启,新时代中国特色社会主义道路即中国式现代化新道路,就更加明确注重物质文明、政治文明、精神文明、社会文明、生态文明协调发展。当今,我们所讲的物质文明,在人与物的关系上,是让全体人民共享物质文明成果与注重人的全面发展;所讲的政治文明,在党与人民的关系上,是"代表最广大人民根本利益""把人民对美好生活的向往作为奋斗目标";所讲的精神文明,在精神本体上,强调勇于奋斗的精神;所讲的社会文明,在人与人的关系上,注重人与人和谐相处;所讲的生态文明,在人与自然的关系上,注重人与自然和谐共生。总之,基于中国式现代化新道路,我们创造性地铸就了一种整体性文明,创新发展了人类文明。

"文明"从来都是与"道路"紧密相关的。中国式现代化新道路蕴含人类文明新形态的因素,能内在生长出人类文明新形态。在历史方位上,中国式现代化新道路强调与时俱进,具有开放性、创新性,它不是西方式的唯我独尊,而是向未来开放、向世界开放,积极吸收人类一切优秀文明成果并不断创新发展的文明;在奋斗目标上,注重解放和发展社会生产力,逐步实现全体人民共同富裕,不断促进人的全面发展,它不是以资为本,而是以人民为中心的文明;在总体方略上,注重贯彻新发展理念,统筹推进"五位一体"总体布局,协调推进"四个全面"战略布局,具有领域的边界性,更具有整体性、系统性,它不是"单向度的发展",而是注重物质文明、政治文明、精神文明、社会文明、生态文明各自高质量发展与它们之间全面发展、协调发展、和谐发展的文明;在推动力量上,注重发挥并整合中国共产党集中统一领导力量、市场配置力量和人民主体力量,具有坚持全国一盘棋、调动各方积极因素、集中力量办大事的特质和优势,它不是特意强调资本的力量,而是注重世界人民共商共建共享并汇聚磅礴合力的文明;在领导力量上,坚持中国共产党领导,中国共产党是具有人类视野和世界担当的政党,注重解放全人类,为世界谋大同,积极构建人类命运共同体,注重世界和平发展、合作共赢,具有道义性和普惠性,它不谋某种特殊集团的利益,而是谋世界大同和世界人民利益的文明;在世界观上,强调以多样和统一辩证的观念观察世界,既强调世界多样、道路多样、文明多样,具有多样性,也注重共同性,它反对"西方中心论""霸权主义""单边主义",是主张国家平等、文明互鉴、包容发展、互利普惠的文明。

　　由此可以看出,中国式现代化新道路立足当代中国与人类社会,内在具有"人类性",是解析人类文明新形态的典型样本,蕴含着一种人类文明新形态。这种文明不仅积极应对世界百年未有之大变局及其带来的世界不稳定性不确定性,致力于解决当今世界经济增长动能不足、发展失衡、治理滞后三大难题,而且在世界动荡变革期,它积极倡导和平、发展、公平、正义、民主、自由的全人类共同价值;这种文明遵循规律性,突出共同性,倡导普惠性,坚持多样性,注重协调性,突出共建性,因而是当今世界人类文明中符合时代发展趋势、具有光明前景、正确引领时代潮流的一种新的文明形态。

目录

第一章　从中国式现代化到中华民族文化主体性/001

003　一、西方开启的现代化与西方中心论

015　二、西方现代化、西方中心论的历史影响与中国式现代化

032　三、中国式现代化的伟大意义与中华民族的文化主体性

第二章　中国式现代化的理论形态/047

050　一、本质特征：中国式现代化内蕴发展道路的多样性

054　二、文明形态：中国式现代化创造中华民族现代文明、人类文明新形态

060　三、民族特质：中国式现代化彰显中华民族的鲜明特质

065　四、为他人性：中国式现代化在社会性的群己关系中注重他者

067　五、社会治理：中国式现代化坚持动力、平衡和治理相统一

070 | 六、人民标准：中国式现代化坚持以人民为中心的发展思想

072 | 七、共同价值：中国式现代化倡导全人类共同价值

076 | 八、人类命运：中国式现代化致力于构建人类命运共同体

079 | 九、世界贡献：中国式现代化为人类实现现代化提供新的选择

081 | 十、哲学根基：中国式现代化倡导"主主平等"的普惠哲学

第三章　中国式现代化的文化形态及其根本旨向/087

088 | 一、丰富人民精神世界与为中国人民谋幸福

094 | 二、"魂脉根脉"相结合与为马克思主义谋发展

099 | 三、新的文化生命体、新时代文化使命、中华民族文化主体性与为中华民族谋复兴

105 | 四、中国式现代化的文化形态与为世界谋大同

111 | 五、巩固党掌握文化的领导权与为中国共产党谋强大

第四章　新的文化生命体视域下习近平文化思想的核心话语及其内在逻辑/117

118 | 一、逻辑起点：新时代中国具体实际把中华优秀传统文化的时代价值彰显出来

120 | 二、创新空间:"第二个结合"让我们能在更广阔的文化空间探索面向未来的理论创新

123 | 三、基石主体:魂脉和根脉相结合造就一个有机统一的新的文化生命体

125 | 四、重要作用:使习近平文化思想明体达用、体用贯通

126 | 五、时代担当:新时代的文化使命是推进文化繁荣、建设文化强国、发展新时代中华文明

128 | 六、目标旨向:巩固中华民族的文化主体性

第五章 中国式现代化视域下文化和文明的相对区别及其重大意义 /133

134 | 一、必须从哲学上厘清文化和文明的相对区别

140 | 二、哲学视域下文化和文明的相对区别

149 | 三、澄清当今西方把文化等同于文明的吊诡之计

第六章 立足中国式现代化发展 21 世纪马克思主义 /161

162 | 一、习近平提出发展 21 世纪马克思主义命题的逻辑脉络

163 | 二、发展 21 世纪马克思主义的历史必然性和时代紧迫性

165 | 三、新时代中国是 21 世纪马克思主义的主要实践发源地和理论策源地

- 167 四、21世纪马克思主义的研究对象
- 180 五、阐释21世纪马克思主义丰富的理论内涵
- 182 六、21世纪马克思主义的时代课题
- 184 七、21世纪马克思主义解决的根本问题
- 187 八、用21世纪马克思主义观察时代、把握时代、引领时代
- 191 九、习近平新时代中国特色社会主义思想是21世纪马克思主义
- 193 十、建构21世纪马克思主义的总体框架

结语 基于中国式现代化研究21世纪马克思主义 /195

- 197 一、为何研究21世纪马克思主义
- 198 二、什么是21世纪马克思主义
- 201 三、怎样研究21世纪马克思主义

第一章

从中国式现代化到中华民族文化主体性

在新中国成立特别是改革开放以来长期探索和实践基础上,经过党的十八大以来在理论和实践上的创新突破,我们党成功推进和拓展了中国式现代化。中国式现代化内在生成中国式现代化的文化形态,开创人类文明新形态,也得以在上述基础上建构中国自主的知识体系,进而发展21世纪马克思主义,以巩固中华民族的文化主体性。中国式现代化在思想文化建设上的最大成果,就是确立并巩固中华民族的文化主体性。由此便提出这样的重大问题:确立中华民族的文化主体性何以可能?从中国式现代化到确立中华民族的文化主体性的内生逻辑与重大意义是什么?对上述问题展开全面深入研究,从总体上成为我国理论界研究的一个重点和难点。就目前相关研究成果而言,无论是立足中国式现代化去研究确立中华民族文化主体性的内生逻辑与重大意义,还是从中华民族文化主体性角度去研究中国式现代化,都显得不够系统和深入。因此,从学理上,需要运用历史生成逻辑分析框架,从中国式现代化视角,研析西方现代化和西方中心论的生成逻辑和构成要素,把握西方现代化和西方中心论对整个世界产生的历史影响,理解中国式现代化的生成逻辑与理论形态,领悟中国式现代化对建构中国式现代化的文化形态和创造人类文明新形态,对建构中国自主的知识体系,对发展21世纪马克思主义的重大意义,尤其要阐释中国式现代化对确立中华民族文化主体性所具有的本体论和发生学意义。这种研究,既在理论上能够解释确立中华民族的文化主体性何以可能,也在实践上对推进强国建设、民族复兴具有总体性和根本性意义。

一、西方开启的现代化与西方中心论

学界往往以文明、现代化、全球化、生产力等标准为主题划分世界历史。若以"现代化"为主题,世界历史由古代进入近代,从总体上,主要以西方开启的现代化为鲜明标识。

(一) 古代世界文明的中心主要在中国

就世界而言,古代社会主要是农耕社会。宽广平原、肥沃土地、纵横江河和劳动人口等,成为农耕社会的核心要素。"四大文明古国"大都在江河流域,具有宽广平原、肥沃土地、劳动人口,它们成为农业文明的生长点。

古埃及、古巴比伦、古印度三大文明古国对世界文明作出了独特贡献,古代中国对当时世界作出了重大贡献,在许多方面处于世界领先地位,成为世界文明的中心。

一是文化贡献。中华传统文化的核心是儒家文化,儒家文化的精髓,是倡导以"仁义礼智信、温良恭俭让"为核心的道德规范和伦理秩序。古代中国的伦理道德、文学艺术等对东亚乃至世界都产生重要影响。作为儒家文化创始人的孔子,在马克思、黑格尔、伏尔泰等人的著述中都得到关注。马克思认为儒家文化是维护社会秩序的一整套价值体系,赞赏孔子提倡的仁爱、礼仪、忠诚等价值观念对维护社会和谐具有积极作用。①黑格尔对孔子的评价主要基于他对哲学的理解和所掌握的思想资源,认为孔子是一个世间智者,其思想主要是常识性的伦理道德。伏尔泰对中国伦理道德给予高度评价,是中国伦理道德文化在欧洲最强有力的传播者,认为中国的伦理道德优于西方。他写的《中国教理问答》多次谈到中国伦理,认为"慎以修身""和以养体"是中国伦理的重要原则,它真正有益于社会。他说中国可成为欧洲的榜样,孔子可作为欧洲的思想导师,在这个地球上最幸福、最值得尊敬的时代,就是人们尊从孔子法规的时代,在道德上欧洲人应当成为中国人的徒弟。伏尔泰认为,中华民族是世界上最古老的民族,在伦理道德和治国理政方面,首屈一指。伏尔泰最注重儒家礼治秩序,称发现了一个完全新的道德世界,认为中国人具有完备的道德哲学,它居于各科学问的首位,中国儒学的"性善"说与基督教的"性恶"说有本质区别,人类的"性善"才使他们在"爱神"之外能"以深厚的感情,去爱其祖国及其父母妻子",西方民族的任何格言和教理都无法与"纯粹道德"相比拟,孔子常说仁义,若人们实行此种道德,世上就不会有互相攻伐了。②他还援引传教士李明的话说:"中国遵循最纯洁的道德教训时,欧洲正陷于谬误和腐化堕落之中。"③由此,他大声疾呼法国要"全盘华化",主张每个法国人都应把"己所不欲,勿施于人"作为座右铭。此外,魁奈、狄德罗、爱尔维修等认

---

① 参见张允熠、张娟:《马克思眼里的中国人》,《江淮论坛》2005年第5期。
② 参见伏尔泰:《哲学辞典》上册,商务印书馆2009年版,第266—283页。
③ 伏尔泰:《路易十四时代》,商务印书馆1982年版,第602页。

为，中国是世界上唯一的将政治和道德结合的国家，中国的统治者明白要使国家繁荣，必须仰赖道德，中国的学说值得所有国家奉为楷模。霍尔巴哈宣称，法国要繁荣，须以儒家的道德代替基督教的道德。总之，在欧洲启蒙运动初始，孔子成了欧洲的名人，欧洲启蒙思想家言必称中国和孔子。

二是科学技术贡献。古代中国通过"丝绸之路"，把具有技术含量的丝绸、茶叶、陶瓷、园艺等运到欧洲及西方，使欧洲及西方能享用中国提供的一些物质生活资料。古代中国的"四大发明"即造纸术、印刷术、火药、指南针，极大地推动了世界科技和文化进步。伏尔泰对中国的印刷技术给予明确肯定，指出这种印刷术是在木版上刻字，就像古登堡15世纪在美因茨首先利用的方法。在中国，在木版上刻方块字的工艺更为完善。[1] 他虽认为中国的科学技术未结出近代新的科学成果，但强调中国的科学技术有着悠久历史。

三是文明贡献。人们常把文化与文明混同。其实从哲学上，文明相对区别于文化，文明源于文化又高于文化：文化相对侧重于"人化"，文明相对侧重于"化人"；文化相对注重"外化"，文明相对注重"内化"；文化多指向"实存成果"，文明多指向"进步状态"；文化常与知识技术相关，文明常与行为素养相联。由此，文明是对人性之恶的一种规范。人性有善恶之分，中华文明注重对人性之恶的约束和规范。歌德对此投之以热切关注。他说：中国

---

[1] 参见伏尔泰：《风俗论》上册，商务印书馆1994年版，第214页。

人在思想、行为和情感方面更明朗,更纯洁,也更合乎道德,一切都是可以理解的。他们还有一个特点,人和自然是生活在一起的。你经常听到金鱼在池子里跳跃,鸟儿在枝头歌唱不停,白天总是阳光灿烂,夜晚也总是月白风清。正是这种在一切方面保持严格的节制,使得中国维持几千年之久,而且还会长存下去。①歌德这番话,揭示了中华文明具有连续性和统一性的缘由。

伏尔泰甚至认为,人类文明史从中国开始,由此他对人类文明史的研究也从中国开始。《风俗论》是他的一部主要著作,该书表现出对中华文明的强烈兴趣。他指出,在谈论中国人时,不能不根据中国人自己的历史。他明确将中国历史的起源确定为基督纪元前 2602 年,第一次把整个人类文明史纳入世界文化史,打破了以欧洲历史代替世界历史的"欧洲中心主义"的历史观,开创了人类文明史或世界文化史研究的先河。他认为,东方民族早在西方民族形成之前就有了自己的历史,西方人没有理由不重视东方:"当你以哲学家身份去了解这个世界时,你首先把目光朝向东方,东方是一切艺术的摇篮,东方给了西方一切。"②

伏尔泰较为深刻地论证人类文明史从中国开始的重要观点。首先,他赞扬中国历史修订的求实和严谨:"中国人的历史书中没有任何虚构,没有任何奇迹,没有任何得到神启的自称半神的人物。这个民族从一开始写历史,便写得合情合理。"③"他们与其他

---

① 参见爱克曼:《歌德谈话录》,人民文学出版社 1978 年版,第 110 页。
② 伏尔泰:《风俗论》上册,商务印书馆 1994 年版,第 201 页。
③ 伏尔泰:《风俗论》上册,商务印书馆 1994 年版,第 74 页。

民族特别不同之处就在于,他们的史书从未提到某个宗教团体曾经左右他们的法律……他们的史书仅仅是有史时期的历史。"[1]他认为,中国人的历史之所以确实可靠,是因为中国人把天上的历史同地上的历史结合起来,在所有民族中,只有中国人始终以月食、日食、行星会合来标志年代,其他民族虚构寓言神话,中国人则手中拿着毛笔和测天仪撰写他们的历史,其朴实无华,是在亚洲其他地方尚无先例的。他强调不能以西方的历史来度量、纠正东方民族的历史,认为在西方人还处在野蛮的偶像崇拜之时,中国这个古老的国家早已培养良俗美德,制订法律,成为礼仪之邦。他对中国悠久的历史给予充满激情的赞赏,认为中国人是开化最早的民族,是世界上最优美、最古老、最广大、人口最多和治理最好的国家。其次,他对中华文明给予高度评价。认为人类文明史是从中国开始的,且长期遥遥领先。在谈到中国古代的科技文明时,对中国的造纸术、印刷术、火药、指南针等发明,对陶瓷、玻璃、养蚕丝绸等物产给予高度评价,强调其历史悠久。他认为万里长城是为人类智慧带来最大声誉的建筑,与万里长城相比,埃及的金字塔不过是一些小石堆。他强调,中国人发明的周期历法要比欧洲的历法早2602年,早在毕达哥拉斯之前,中国的古代算书《周髀算经》就提出了勾股定理。[2]

也有的学者认为,中华文明对西方有重要贡献,推动了西方人文社会的形成、民族国家的建立、现代文官制度的制定和西方经济

---

[1] 伏尔泰:《风俗论》上册,商务印书馆1994年版,第74页。
[2] 参见梁守锵:《伏尔泰笔下的中国》,《中山大学学报(哲学社会科学版)》1984年第3期。

思想的产生,帮助西方国家走出中世纪的阴霾,成为西方现代思想和文明的根基。

正因如此,自17世纪中叶后,在欧洲兴起了"中国风"。当时知名的法国文人都狂热地崇拜并研究中国,尤其是被后世称为启蒙思想家的那些伟大人物更是如此。从1600年到1649年,欧洲每年就出版30—50部包含中国的著作,从1700—1759年,共出版599部有关中国的著作。歌德对中华文明、中国孝道表示欣赏和认同,认为孝是一切之本。伏尔泰生活在"中国风"备受推崇的年代,对中华文明钟爱有加,终其一生,他始终保持着对中华文明的热情。他一生近80部作品、200余封书信都论及中国,称在中国发现了一个"新的世界",这个"新的世界"具有新的精神和新的文明,成为他值得充分赞赏的文化榜样。在他看来,中国是"一切可能世界中最美好的世界",甚至认为西方的一切都来自中国。莱布尼茨是17世纪所有学者中最早且持之以恒地关心中国的人。他称赞中国人伟大,极力推荐当时的欧洲向中国学习,同时推动中西文明交流。他曾申请中国国籍,愿将汉字作为世界通用语言。[①]

此外,霍尔巴赫、狄德罗、爱尔维修等一些著名思想家、哲学家也高度评价中国,共同发出"到中国去"看看的强烈呼声。

上述欧洲及西方思想家聚焦"伦理道德""和合秩序"和"文明化人",一定意义上切中了中华文化、中华文明的特质与要害,对解构当今世界发生的冲突、暴力和战争具有重要现实意义。

---

① 参见夏瑞春编:《德国思想家论中国》,江苏人民出版社1995年版,第4—5页。

（二）近代世界文明的中心历史性地转移到欧洲及西方

世界历史发展到近代，世界文明的中心历史性地转移到欧洲。

从更为宏大的历史长河中，以大历史观观察世界就会发现，世界现代化的运动和潮流首先是从欧洲开启的。欧洲通过文艺复兴、宗教改革、启蒙运动与工业革命，开启了现代化运动。与农耕社会直接相关的江河、平原、土地、劳动人口，具有经济学意义上的非流通性和相对稳定性，这使农耕社会具有相对的封闭性、保守性和狭隘性，难以真正解决人们的"物质富裕"问题，也难以开启现代化；与农耕社会相并行的封建专制社会及其所产生的人身依附关系（或马克思讲的"人的依赖"），也难以内生现代化。作为核心生产要素的劳动人口，其需要是不断发展的，必然要求由生存性需要走向发展性需要。发展，需要流通性、开放性和创新性。这就需要解放思想、转变观念。欧洲通过文艺复兴、宗教改革、启蒙运动与工业革命，解放思想、转变观念，走出农耕社会从而迈进工业社会，逐步实现由农业社会向工业社会转变、由农业文明向工业文明转型。这种转变和转型，是以开启现代化的名义进行的。中国发明的火药、指南针、印刷术在其中发挥着一定作用。火药把骑士阶层炸得粉碎，指南针打开世界市场并建立了殖民地，印刷术变成新教的工具，火药和指南针帮助欧洲开辟了新航路。此后，西方与中国在海路交通上有了突破性进展，它一改自古只有"丝绸"一条陆路的历史，在16—18世纪进入一个通过海路进行文化交流的新时代。

欧洲开启的现代化，本质上是走出欧洲封建专制社会的蒙昧、不开化、野蛮而走向开化的文明社会。从农业社会走向工业社会、从农业文明走向工业文明，解放和发展了社会生产力，积累了社会财富，这就使世界文明的中心历史性地转移到欧洲。这种转移从意大利开始，之后转移到英国、法国、德国，制高点在美国。

为什么现代化会从欧洲开启？世界文明中心为什么会转移到欧洲及西方，其鲜明标志是什么？这与欧洲的独特存在有关。

第一，新航路的开辟。航海技术的发明开辟了新航路，新航路促进海洋贸易发展，因而新航路开辟具有历史转折意义。它打开了欧洲人宽广的视野，改变了欧洲人的空间观念，它意味着"流动"和"流通"，打破了农耕社会生产资料的非流动性、非流通性与封闭性、保守性，使一切固定的东西都消散了，一切被当作永久存在的特殊东西变成了转瞬即逝的东西，整个自然界被证明在永恒的流动和循环中运动着，也使各种生产要素活动起来，使劳动对象、劳动工具、劳动者发生新的变化，又有助于从全世界获取自然资源和生产资料，使世界经济资源向欧洲聚集，且推销他们生产的产品。这标志着以西欧为中心的世界市场的出现和形成，从而使欧洲成为全球贸易的中心。这是具有根本和全局意义的历史转折。

第二，推动欧洲工商业革命的兴起和资本主义发展。新航路的开辟，使欧洲的商业中心从地中海沿岸转移到大西洋西岸，使股份公司和证券交易所大量出现，也使欧洲的商业格局发生根本变化，从而促进世界市场的形成，这一系列变化标志着欧洲经济的崛起。新航路的开辟、欧洲工商业革命的兴起、世界市场的形成，也使欧洲的商业资产阶级实力上升,同时极大调整了欧洲传统的经济关系及生产关系,促进欧洲资本主义的发展,使地域历史、民族历史逐渐成为世界历史。

第三,注重发挥人的主体性与培育人的独立人格、创新精神。欧洲具有个人主义传统,鼓励个人奋斗和竞争,倡导思想上的百家争鸣。工商业发展内在要求确立人的主体性,激发人的创造精神,焕发人对自然欲望、世俗利益、物质财富的追求,使人们注重其潜能和能力的充分发挥,这有助于培育、激发人们的生产、交换、消费热情与竞争精神,有利于培育企业家与企业家精神,因而有助于发展工业和开拓市场。马克思说过:"工业的历史和工业的已经生成的对象性的存在,是一本打开了的关于人的本质力量的书。"[1] 文艺复兴时期自然主义的人道主义就强调人的自然欲望的满足和世俗的幸福,它以满足人的自然欲望的名义反对禁欲主义,以意志自由的名义反对教会独断,以个性自由的名义反对封建奴役,以人要成为自然界的主人的名义反对超自然势力,以多才多艺的人反对循规蹈矩的人。

第四,倡导理性。工商业发展内在要求从事经济活动的人具有主体性并培育人的独立人格、创新精神,后者需要全社会培育、弘扬理性精神,需要建立在理性基础上。欧洲具有理性主义传统,崇尚思辨,鼓励探索,有利于形成科学精神和批判精神。弘扬理性,意味着批判权力专制,鼓励人们进行创新性探索,积极探究和

---

[1] 《马克思恩格斯文集》第一卷,人民出版社2009年版,第192页。

发现事物的本质和规律,进而发展科学和发明技术,创立自主的知识体系和科学体系。

第五,欧洲崇尚自由平等、民主法制,孕育着自由平等、民主法制精神。理性支撑自由平等、民主法制。自由是欧洲文化的核心价值,欧洲把追求自由看作最高价值,文艺复兴、启蒙运动与工业革命都崇尚自由,工商业发展、商品经济、科技进步、创新精神都以自由为基础,自由也有助于个人敢为人先、自主创新、开拓拼搏与社会流动;平等,有助于促进人们之间在基本权利、发展机会和行为规则上的平等,尤其是男女平等;民主,有助于激发每个人的参与和创造热情;法制,有助于人们形成交往的规则和秩序,限制权力滥用,减少权力干预,推崇民权。显然,自由平等、民主法制有利于发展经济,使制造业和商业繁荣成为可能。

第六,欧洲在思想文化和科学领域具有主导地位。欧洲在文艺复兴、宗教改革、启蒙运动与工商业革命等运动中具有充分活跃的表现,也在自然科学领域具有重大发现,如牛顿力学、哥白尼日心说等。

第七,欧洲对全球格局和全球文化产生重大影响。上述因素之共同作用,使欧洲在近代成为全球经济、科学和文化的引领者,成为全球化进程中的主导力量,从而成为近代世界文明的中心。

现代化在文化价值上的核心取向,就是尊重个人的独立人格,注重发挥人的主体性与创新精神,弘扬理性,崇尚自由平等、民主法制。因而,欧洲上述七方面的独特存在,有助于实现西方文化、西方文明的全面迭代升级,进而走向现代化,为开启现代化提供坚实的基础。

（三）欧洲中心主义与西方中心论

随着世界文明的中心历史性地转移到欧洲,便产生了欧洲中心主义。

邹诗鹏教授对欧洲中心主义做了全面系统而深入精致的哲学阐述和论证,认为从孟德斯鸠到黑格尔都一直致力于建构起欧洲中心主义。欧洲中心主义的历史背景,是1500年以来以航海与地理大发现为标志的全球化。欧洲中心主义确定的是指以欧洲为中心的历史原则。德国古典哲学接续英法启蒙思想"往下讲",并且超越了启蒙传统,讲述了一种以莱茵—日耳曼精神为核心的欧洲文明优势论。[①]

欧洲中心主义的进一步拓展,就是西方中心论。西方中心论与欧洲中心主义在性质上基本相同,西方不过是欧洲自身逻辑与权力体系的放大,西方中心论也就是地域扩大了的欧洲中心主义。西方中心论,是西方文艺复兴以后资本主义凭借其所谓的现代化及其经济、政治、文化优势,而向全球扩张的产物,它建立在现代化、文化、文明、种族、价值观、宗教、环境、社会进步等所谓优越性基础之上。它产生于18世纪中后期,发展于19世纪,以古希腊罗马哲学、基督教"普世价值论"和文艺复兴为思想来源,以工业化、现代化、全球化与殖民扩张为现实支柱,是近代西欧通过文艺复兴、启蒙运动、宗教改革、工业革命与殖民主义扩张而形成的思想

---

① 参见邹诗鹏:《马克思对欧洲中心主义的批判与超越》,《哲学研究》2018年第9期。

体系。黑格尔、兰克、孔德、韦伯等是西方中心论的主要倡导者,黑格尔对西方中心论做出了较为精致的哲学论证,使其成为完备的理论形态。

我在《中国社会科学》2023年第7期发表的《中国式现代化的哲学逻辑》学术论文中,从线性道路、单数文明、种族优越、天赋人权、社会进化、理性标准、开化使命、美丽神话、哲学唯"一"等方面,对西方中心论的根本要素、标识范畴进行了较为详尽的学理阐释,认为西方中心论主要是围绕这些要素和范畴建构起来的,其实质是为西方资产阶级主宰整个世界提供所谓历史合法性的意识形态论证。[1]

在此基础上,需要对西方中心论再进一步做出更为深入的学理分析。西方中心论有其凭借,大航海时代后,发生于18世纪的英国现代工业体系的逐步建立,世界文明的中心历史性地转移到欧洲及西方,欧洲及西方成为全球经济、科学和文化的领头羊,成为现代化和全球化进程中的主导力量,是西方中心论产生的温床;它有其手法,我曾说过且现在依然强调,就是把进步化为中心、把特殊说成普遍、把西方当成世界、把文化等同于文明、把现代化等于西方化;它有其实质,就是把世界唯西化、把西方唯一化、把唯一统一化、把统一统治化、把统一哲学化(即用形而上学一元本体论作论证),若不服从统治就对其进行围堵打压;它有其特质,曾以"两极分化""单向度发展""向自然索取""殖民掠夺"等充满血腥

---

[1] 参见韩庆祥:《中国式现代化的哲学逻辑》,《中国社会科学》2023年第7期。

罪恶为本质特征；它有其哲学基础，就是"主客二元对立"，它把整个世界划分为西方世界和非西方世界，西方世界是"主"，非西方世界是"客"，主统治客；它有其异化，自从西方文明异化为帝国文明，就蕴含着野蛮的基因，不断导致世界的对立、冲突、暴力、战争；它有其外衣包装，本来，在哲学上，文化相对侧重于"人化"，文明相对侧重于"化人"，文明源于文化又优于文化，是"文化之善"，西方的科技进步主要属于文化发展，并不完全等于文明进步，因为事实上确实存在着"文化之恶"。然而，西方却把文化完全等于文明，把西方科技进步完全等于西方文明进步，使文化披上文明外衣，由此迷惑了整个世界。

二、西方现代化、西方中心论的历史影响与中国式现代化

西方现代化对整个世界现代化产生了广泛、持久和深刻的历史影响，以至于形成了马克思、恩格斯所谓的"东方从属于西方"[①]框架，产生了西方中心论。

（一）对西方的历史影响

近代西方众多哲学社会科学及其重大理论大都围绕西方中心论建构起来。这些哲学社会科学及其重大理论，主要包括哲学、经济学、政治学、历史学、社会学与人的理论、现代化理论、文明理论、

---

① 《马克思恩格斯选集》第一卷，人民出版社2012年版，第405页。

文化理论、民族理论、价值理论、殖民理论、意识形态理论等。伊曼纽尔·沃勒斯坦在《现代世界体系》一书中谈到社会科学的起源时,认为社会科学是现代世界体系的产物,欧洲中心主义是构成这一现代世界的文化地理因素。

近代以来的西方哲学,主要包括英国经验主义哲学、法国理性主义哲学和德国古典哲学。这些哲学之共同特征,就是致力于在万事万物中寻找一个最后本体、本源。如德国古典哲学的代表人物黑格尔,是西方形而上学之集大成者,他主张在绝对精神、绝对观念中寻找世界最后的本体、本源。他所谓的本体、本源,就是具有最后根据、最高地位的"一","一"统治"多","多"服从"一",作为本体、本源的"一"之世俗化身,要么是德国、英国、法国,要么是欧洲,要么是西方。这样的哲学,就是为西方中心论提供哲学论证的。

近代以来的西方经济学有一个共同点,大都为西方资本主义作辩护,也为西方中心论作论证。如国民经济学,就注重研究生产、资本、市场、自由竞争、效率、物质财富等。在它看来,西方的生产力在世界上较为发达,西方是世界资本和市场的中心,自由竞争是西方发展进步的根本密码,西方在世界上拥有丰富的物质财富。显然,这是从经济学角度为西方中心论作论证。

近代以来的西方历史学之底层逻辑是西方中心论,它把西方置于世界历史的中心和制高点上,无视甚至否定非西方国家、民族的历史。核心观点是:西方历史是社会进化与发展进步的顶峰,是人类理性和道德进步的最高历史阶段。① 这种观点企图创造"永恒的西方"概念。黑格尔的《历史哲学》具有浓厚的西方中心论色彩。他称希腊、意大利为"世界历史的舞台""世界精神的故乡",地中海是"世界历史的中心",没有地中海,"世界历史便无从设想了"。② 他甚至认为世界其他地区各民族始终是静止的,处于世界历史之外,属于"非历史民族",历史运动的中心和终点在欧洲。德国著名史学家朗克在《论近代史的诸时期》一书中认为,一切历史实质上都基于欧洲史。他断言:有些民族完全没有能力谈文化,人类的思想仅仅历史地体现于伟大的民族中。③ 他撰写的八卷本《世界史》实际上只是一部欧洲史,没有欧洲以外其他国家和民族的历史,其实质就是鼓吹西方中心论。福山的"历史终结论",更为西方中心论辩护,认为西方历史站在了人类历史发展的制高点上,非西方世界没有自己的历史,它的历史就是要走西方历史发展道路。著名的《剑桥古代史》(1924—1939年出版)、《剑桥近代史》(1907—1918年出版),以及海斯等编著的《世界史》《近代史》等,都坚持欧洲中心主义或西方中心论,海斯甚至公开宣称,历史伟大戏剧中的主角,都是由欧洲的白种人担任的。④ 孔德更直言不讳地强调:历史研究几乎只应该以人类的精华或先锋队为对象,而为了研究得更精确,特别是近代部分,甚至只应该以西欧各国人民为限。⑤

---

① 参见董欣洁:《透视"西方中心论"》,《中国社会科学报》2024年2月7日。
② 参见黑格尔:《历史哲学》,生活·读书·新知三联书店1956年版,第131—132页。
③ 参见叶险明:《马克思的世界历史理论与现时代》,清华大学出版社1996年版,第33—34页。
④ 参见海斯:《世界史》下册,生活·读书·新知三联书店1975年版,第1059—1060页。
⑤ 参见夏基松:《现代西方哲学》,上海人民出版社2009年版,第24页。

近代以来的西方法学,主张人权高于主权。由此,它往往打着"人权"旗号对非西方国家的"主权"进行干涉。这实质上是为西方国家干涉别国主权提供所谓法理根据,也是维护西方中心论的。

近代西方思想家提出的各种理论,旨在为西方中心论提供立论基础。西方现代化理论认为,其他国家和民族要实现现代化,必须走西方现代化道路,西方现代化道路是实现现代化的唯一道路,这是西方中心论的道路存在。西方的文明理论认为,文明只属于欧洲、西方,欧洲、西方以外的国家、民族要么野蛮,要么蒙昧,要么不开化,这是单数一元文明论,是西方中心论的文明性存在。[1] 西方的文化理论和种族理论认为,文化具有决定作用,文化差异是造成欧洲和非欧洲地区发展(进化)程度不同的主要原因,而文化差异来自人种差异,西方种族具有生理上的"优越",是世界上最具"优越感"的民族。[2] 这种理论将世界划分为三个圈,即以希腊—罗马—近代西方为"核心圈",以两河流域—埃及—印度—中国为"中间圈",以"原始社会"为"外圈",在这"三圈"图式的地理架构中,希腊—罗马—近代西方这一"核心圈"被视为文明顶点,这是西方中心论的文化存在、种族存在。[3] 西方的"普世价值论"视西方为"普世价值"的定义者、解释者、推广者、裁判者,只有西方才称得上"普世价值"的积极创造者,这是西方中心论的价值存在。西方的殖民理论强调,非西方世界的国家、民族是蒙昧的、不开化

---

[1] 参见韩庆祥:《中国式现代化的哲学逻辑》,《中国社会科学》2023年第7期。
[2] 参见陆轶之:《美式民主话语体系及话语权解构》,《马克思主义研究》2023年第1期。
[3] 参见王铭铭:《三圈说——另一种世界观,另一种社会科学》,《西北民族研究》2013年第1期。

的、野蛮的,西方需要行使上帝旨意的文明开化使命,其主要手段是殖民,西方入侵能给被入侵国家和民族带来积极效应,正是西方的入侵才使其进入人类文明的正轨,这是西方中心论的所谓使命性存在。西方的历史终结论认为,西方历史是世界或人类历史发展的终极形式,任何社会形态都不能构成对资本主义自由民主的真正威胁,资本主义是人类社会发展无法逾越的极限,即使以马克思主义的历史标准看,资本主义社会也已经到了历史的终点;从人类发展历史进程看,资本主义在与法西斯主义、共产主义的对抗中已获得绝对优势,因而,只有资本主义是唯一在各种政权形式的激烈竞争中存活下来的、以胜利者姿态出现的、安然无恙的政治类型,人类社会发展是一个渐次优越的等级阶梯,资本主义是这一等级阶梯的最高级,这是西方中心论的历史形态的存在。[①]

不仅如此,西方众多"组织"也是维护西方中心论的。西方所谓的布雷顿森林体系、世界银行、国际货币基金组织、世界贸易组织、欧盟、北大西洋公约组织等,都行使着西方主导的霸权。这是西方中心论的组织载体的存在。

近200年来,尽管西方的学科体系、学术体系和话语体系及其重大理论不断发展,但西方中心论的内在逻辑一直没有发生根本改变。

(二)对中国的历史影响

西方构建的"东方从属于西方"的现代化框架不仅用于解释

---

① 参见韩庆祥:《论中国式现代化的理论形态》,《马克思主义研究》2024年第5期。

世界,而且力求改变世界,它把世界各国都卷入现代化潮流之中,把民族历史、地域历史转变为世界历史,现代化成为世界各国共同的命运。就此而言,西方现代化一定意义上推进了人类进步和人类文明发展。

以"东方从属于西方"为解释框架的现代化对中国的影响主要从1840年开始。从1840年至1921年中国共产党诞生这一历史区间,这种影响主要体现为中国对西方现代化冲击掀起一次次被动防御性的回应。洋务运动、戊戌变法、辛亥革命和五四运动,就是从不同层面进行的回应。这些回应具有鲜明特征。一是外逼性。西方现代化把中国卷入现代化潮流之中,外逼在中国推进现代化。二是被动性。这些回应是受西方现代化潮流冲击进行的,不是在中国自身土壤中内生的,未真正达到理论自觉和实践自觉。三是不彻底性。这些回应都未解决好"主义"(未找到思想文化上的正确方向)、"制度"、"领导"(未找到具有领导力量的领导主体)、"道路"(未找到解决中国问题的正确道路)等问题,未动摇半殖民地半封建社会的根基,未真正开辟社会主义的发展方向。四是依附性。当时中国的现代化总体上从属于西方现代化框架,洋务运动注重"器物",戊戌变法、辛亥革命注重"制度",五四运动强调科学、民主,分别是从器物、制度和文化层面表达西方现代化、"西方中心论"的影响。这一历史区间提出的一些理论如"西体中用论"等,也具有依附"西方中心论"的特点。

从1921年中国共产党诞生到中国特色社会主义新时代这一历史区间,中国一改过去被动防御性回应为积极主动应对,也一改过去外逼式现代化为内生式现代化,所取得的具有总体性、根本性重大成果,就是开创并推进和拓展了中国式现代化。其中一个具有根本性、全局性的问题值得深入思考:为什么自中国共产党诞生后,中国能一改过去被动防御性的外逼式现代化为积极主动应对的内生式现代化?中国式现代化及其"范式"是如何从中国本土内在自主生成的?如何理解中国式现代化的内生性、创造性及其逻辑?总体讲,这源于八大因素。

一是马克思主义是我们立党立国、兴党兴国的根本指导思想,使我们党在思想文化上拥有破除错误思想和统一思想的思想力量。当时在中国各种"主义"纷纷登场,它们都不能引领中国朝着具有光明前景的方向发展。马克思列宁主义一经传入中国,就立刻被中国先进的仁人志士所接受并得以快速传播,成为中国共产党人内在精神世界中的指导思想。拥有马克思主义科学理论指导,是我们把握现代化主动的根本所在。马克思主义发展始终与现代化发展直接相关,它本质上是在批判和超越资本主导的现代化道路中构建并发展起来的,对现代化道路的探寻,是马克思主义发展的一条主线。[①]

二是中国共产党是领导主体,在组织上有了整合中国各种社会力量、团结各种积极力量的领导力量。当时中国军阀混战、一片混乱,各种"组织"和"力量"都试图影响中国,但都难以整合当时的社会力量,难以把中国人民团结和组织起来。自中国共产党诞

---

① 参见韩庆祥:《论中国道路及其源意义》,《中国特色社会主义研究》2020年第2期。

生后,中国工人阶级和先进知识分子就有了自己的领导主体、领导组织和领导力量,从而能把中国人民组织起来,把中国社会各种积极力量团结起来。党和人民事业是人类进步事业的重要组成部分。中国共产党既为中国人民谋幸福、为中华民族谋复兴,也为人类谋进步、为世界谋大同。在性质和方向上,中国式现代化,是中国共产党领导的社会主义现代化。党领导中国人民成功走出中国式现代化道路,创造了人类文明新形态,拓展了发展中国家走向现代化的途径。就是说,中国共产党本质上就是致力于在中国实现现代化的政党。

三是中华优秀传统文化是中华民族、中国人民的文化基因,在精神根脉上有了凝聚中华民族和中国人民实现现代化的精神力量。中华优秀传统文化蕴含的天下为公、民为邦本、革故鼎新、天人合一、亲仁善邻等,是中国人民在长期生产生活中积累的宇宙观、天下观、社会观、道德观的重要体现,同马克思列宁主义价值观主张具有高度契合性。它不仅使马克思主义成为中国的即"中国化",让马克思主义在中国牢牢扎根,也使现代化成为中国的即"中国式",还使中华优秀传统文化成为当代的即"时代化",对开创中国式现代化发挥古为今用的时代性作用,从而使中国式现代化具有中华文化底蕴和根脉,赋予现代化建设鲜明的中国特色。

四是人民是推动中国历史发展、现代化建设的主体与目的,在依靠人民、为了人民、扎根人民问题上有了道义力量。中国人民有着对美好生活的向往,建设社会主义现代化,是实现人民对美好生活向往的必由之路。中国式现代化本质上就是坚持以人民为中心的现代化,它把实现人民对美好生活的向往作为现代化建设的出发点和落脚点,着力促进全体人民共同富裕,在价值观上区别于西方资本至上的现代化。

五是中国式现代化是实现中华民族伟大复兴的根本路径,在"中国向何处去"问题上有了解决中国矛盾和问题的实践力量。实现中华民族伟大复兴是中国共产党百余年奋斗的主题。正是马克思主义同中国具体实际相结合、同中华优秀传统文化相结合,才真正找到了解决中国问题与实现中华民族伟大复兴的正确道路——中国式现代化。中国共产党人对中国道路问题的创造性探索,其最大成果,就是开创中国式现代化,它在本质上就是实现中华民族伟大复兴的道路,是实现人民对美好生活向往的道路。实现中华民族伟大复兴内在需要在中国大力推进中国式现代化,中华民族、中国人民要真正站起来、富起来、强起来,就必须大力推进社会主义现代化。我们党从提出"走自己的路",到"中国特色社会主义道路",经"中国式现代化新道路",再到"中国式现代化",都是从中国本土的"历史逻辑"和"实践逻辑"中自主地内生与创造出来的。习近平同志指出:"无论搞革命、搞建设、搞改革,道路问题都是最根本的问题。"[①]

六是改革开放是党和人民事业赶上时代的重要法宝与决定当代中国命运的关键一招,在破除落后思想观念束缚、体制机制弊端和利益固化藩篱上有了创新力量。党和人民事业要赶上时代,当

---

① 《习近平著作选读》第一卷,人民出版社2023年版,第84—85页。

代中国要有具有光明前景的发展命运,就需要实行改革开放和社会主义现代化。改革开放是党和人民事业赶上时代、赶上世界现代化步伐的重要法宝,是推进社会主义现代化的强大动力。改革开放就是直接奔着实现社会主义现代化而去的,要实现社会主义现代化就必须实行改革开放,没有改革开放,就没有社会主义现代化。

七是社会主义市场经济作为激活和增强全社会现代化建设的内生动力和创新活力,在解放、发展社会生产力与创造社会财富上有了市场力量。社会主义市场经济体制是中国特色社会主义的基本制度,它赋予我国经济建设与现代化建设以鲜明中国特色,其社会功能,就是激发全社会内生动力和创新活力。

八是注重平等、包容、普惠、和平是中国式现代化的哲学根基,在哲学上有了支撑中国式现代化的真理力量。中国哲学具有注重包容(和而不同、温良恭让)、普惠(天下为公、美美与共)、和平(协和万邦、兼济天下、世界大同、讲信修睦、亲仁善邻)的传统;中华文明具有包容性与和平性突出特性;"两个结合"内在要求中国式现代化注重平等、包容、普惠、和平;中国式现代化高举和平、发展、合作、共赢旗帜,坚持平等、包容、普惠哲学理念,中国式现代化区别于西方现代化,根本就在于哲学上强调平等、包容、普惠、和平,反对西方现代化通过战争、殖民、掠夺等方式实现现代化的老路。

上述八大因素构成中国式现代化的独特存在和自主存在,也是中国式现代化的内生逻辑。正是基于八大因素,中国对西方现代化冲击的应对就具有了内在的历史主动性,也在中国历史和实践发展进程中"内在自主生成"出中国式现代化,形成了中国式现代化的"范式",它从本质和逻辑上区别于"西方式现代化",如区别于西方现代化中的"自由主义",区别于作为西方现代化立脚点的"市民社会",区别于西方现代化那种"损人利己、充满战争"的文化,区别于西方现代化中的"资本至上",区别于西方现代化进程中出现的"两极分化""单向度发展"和"殖民主义掠夺",区别于西方现代化的"资本驱动",区别于"资本主义市场经济",区别于西方现代化的"主客二元对立"哲学;也致力于克服西方现代化的历史弊端。其中,"两个结合"是理解中国式现代化"范式"的逻辑起点,"马克思列宁主义和中国共产党领导的社会主义现代化"是理解中国式现代化"范式"的根本点,"人民至上"是理解中国式现代化"范式"的出发点和落脚点,"实现中华民族伟大复兴的中国道路"是理解中国式现代化"范式"的立足点。

中国式现代化形成一种"范式",主要是在新中国成立后尤其是改革开放以来的历史实践中内在自主生成和鲜明呈现的。

在新民主主义革命时期,中国共产党人对现代化的积极追求和实践探索,就是建设"国家大工业"。现代化与工业化直接相关。日本用飞机枪炮侵略中国。中国共产党人认识到建设"国家大工业"对中华民族的命运至关紧要,所以,当时以毛泽东同志为代表的中国共产党人就提出建设"国家大工业"的战略主张。[①] 这是基于当时中国具体实际进行的第一次积极主动应对。其中,以

---

① 参见李晓华、沈继楼:《中国共产党领导下的百年工业化:历程、经验与展望》,《当代财经》2021年第12期。

马克思列宁主义为指导思想,在中国共产党领导下建设国家大工业,是核心要素。

在社会主义革命和建设时期,中国共产党开始全面执政,并坚持走社会主义道路,致力于在农民人口占多数的落后中国建设社会主义。党在1964年底到1965年初召开的第三届全国人民代表大会第一次会议正式提出"四个现代化"的宏伟目标。这种在中国共产党领导下且具有社会主义性质和方向的"四个现代化",是基于在中国实现现代化发展目标的内在要求提出的,既进一步推进和拓展了建设"国家大工业"的目标,也鲜明体现了独立自主、自力更生的内在要求。这是基于当时中国经济社会发展状况进行的第二次积极主动应对。其中,坚持中国共产党领导和实现社会主义"四个现代化",是核心要素。

在改革开放和社会主义现代化建设新时期,基于中国发展的现实逻辑,我们党强调改革开放,要求在实践上追赶世界现代化潮流。由此,我们注重走自己的路,自主开创以中国特色社会主义实现社会主义现代化的道路,社会主义现代化的内生性、自主性、创造性更加鲜明。这是基于当时中国发展的现实逻辑进行的第三次积极主动应对。其中,改革开放和社会主义市场经济,是核心要素。

中国特色社会主义进入新时代,中心任务是以中国式现代化推进强国建设、民族复兴,价值目标是坚持以人民为中心、倡导弘扬全人类共同价值。我们党特别注重"两个结合"尤其提出"第二个结合",旨在走出"东方从属于西方"的现代化框架,建构基于中国具体实际、内蕴中华优秀传统文化与弘扬社会主义核心价值观（包括自由、平等）、全人类共同价值（包括和平、公平、自由等）的中国式现代化的理论体系、中国式现代化的文化形态。首先，"两个结合"使我们坚持马克思主义基本原理，马克思主义实质上就是一种批判和超越资本现代性进而建构以人民为本的现代社会之理论体系。其次，"两个结合"使我们必须基于中国具体实际和中华优秀传统文化。在不同历史时期，中国具体实际具有不同的内涵，在其历史演进中，新时代的中国具体实际把中华优秀传统文化的时代价值和世界意义彰显出来，也把坚持人民至上、弘扬全人类共同价值、坚持"包容普惠"推到前台，它反映时代发展呼声，赋予现代化以鲜明的"中国式"。就其根本来讲，中国式现代化就是因"两个结合"生成发展起来的，它植根于"两个结合"之中，而"两个结合"使中国式现代化具有了内生性和自主性。这是新时代基于"两个结合"而进行的第四次积极主动应对。其中，中华优秀传统文化、人民至上、平等包容、普惠和平，是核心要素。

至于"实现中华民族伟大复兴的中国道路"，是始终贯穿中国共产党百余年奋斗历程中的核心要素。

中国共产党诞生后这四次具有历史主动性的回应具有鲜明特征。一是内生性。1921年中国共产党诞生以来所推进的现代化是中国自身发展逻辑的"内在需要"，中国所实现的现代化具有"内生动力"。中国共产党人深刻认识到，只有中国自身实现现代化，才能真正实现中华民族伟大复兴。二是自主性。中国实现现代化逐步走出了"东方从属于西方""西方中心论"的现代化框架，具有了相对独立性、自主性和创造性。从"走自己的路",到"中国特色社会主义道路",经"中国式现代化新道路",再到"中国式现代化",其步步历史演进的内生逻辑便是如此,即中国实现现代化在理论和实践上有了自己的范式,也建构起中国自主的理论体系和话语体系。三是主动性。这些回应都是中国共产党人根据中国自身发展的现实逻辑和实践需要主动进行的,达到了理论自觉和实践自觉。四是创造性。中国式现代化是中国共产党和中国人民的一种创造,它创造出中国式现代化的文化形态和人类文明新形态,创造出以中国式现代化的本质特征和本质要求为核心内容的新"范式"。五是世界性。从1840年到1921年所讲的现代化,是"现代化在中国",即在中国推进现代化;从1921年到2012年我们所推进和拓展的现代化,总体上也是"现代化在中国",不过与前者不同,后者则具有内生自主的性质;而从2012年至今,我们实现了"从现代化在中国"到"中国式现代化在世界"的历史性飞跃。就是说,中国式现代化不仅在中国,而且正在走出"中国"走向世界,日趋彰显出"世界向我"的世界意义,即中国式现代化为人类实现现代化提供新的选择。

(三) 中国式现代化的理论形态

党的二十大报告注重中国式现代化的学理建构,初步建构起中国式现代化的理论体系。还需要以此为立论基础和思想资源,进一步运用高度的哲学抽象思维,从哲理和原理上建构起中国式现代化的理论形态。

习近平同志在庆祝中国共产党成立100周年的重要讲话中指

出:"走自己的路,是党的全部理论和实践立足点。"①中国式现代化是从走自己的路"走"出来的,同理,中国式现代化是新中国成立以来、特别是改革开放以来党的全部理论和实践的立足点。这意味着对新中国成立以来、特别是改革开放以来党的全部理论和实践而言,中国式现代化是一个具有总体性、根本性和世界性的全称判断。

从哲理和原理上建构起中国式现代化的理论形态,首要是明确其体系主干、标识性范畴、核心原理和哲学根基。

中国式现代化的体系主干,简要说包括"何以生成"(历史维度的生成逻辑如何)、"何以为是"(理论维度的性质方向和本质特征是什么)、"何以实现"(实践维度的实现什么、怎么实现)、"何以重要"(意义维度的为了什么)和"何为根基"(哲学维度的基础)。

中国式现代化的标识性范畴,以体系主干为基础框架,可从中提炼概括出来。第一,从"何以生成"方面可提炼概括出"道路多样""复数文明"和"民族特质"。它强调通往现代化的道路是多样的,中国式现代化道路是通往现代化的一条新道路,它打破了对西方现代化的迷思,植根于中国历史传统、中华优秀传统文化、中华文明、中华民族特质与中国国情、中国实践之中,能内生和自主开创出人类文明新形态。它超越现代化道路问题上西方那种线性道路、单数文明和种族优越,强调道路多样、文明互鉴和民族特质

---

① 《习近平著作选读》第二卷,人民出版社2023年版,第483页。

(中华文明突出特性)。第二，从"何以为是"方面可提炼概括出"人民至上""命运共同"和"为他人性"。从本质特征讲，中国式现代化是坚持以人民为中心的现代化，是积极发展全过程人民民主的现代化，是丰富人民精神世界的现代化，是实现全体人民共同富裕的现代化，是促进人与自然和谐共生的现代化，是坚持走和平发展道路的现代化，也是推动构建人类命运共同体、创造人类文明新形态的现代化。这样的现代化坚持"人民至上"，注重"命运共同"，基于对"为他人性"的理解。第三，从"何以实现"方面可提炼概括出"国家治理"。推进中国式现代化的一个重大原则，就是坚持深化改革开放，深化改革的总目标，就是坚持和完善中国特色社会主义制度、推进国家治理体系和治理能力现代化，这实际上是中国社会主义实践"后半程"的主要历史任务。在"后半程"的框架中，党中央治国理政的主要历史任务就是以"制度优势"推进"国家治理"现代化。这里所讲的"重大原则"及其"国家治理"现代化，实质上讲的是实现中国式现代化目标愿景的主要实践方略，它既能不断增强社会主义现代化建设的动力和活力，也能为实现中国式现代化的目标愿景提供根本路径。第四，从"何以重要"方面可提炼概括出"世界贡献"。中国式现代化的世界贡献主要体现在，能为人类实现现代化提供新的选择，为发展中国家实现现代化提供新的途径，为解决人类问题贡献中国智慧和中国方案。第五，从"何为根基"方面可提炼概括出"共同价值""普惠哲学"等。中国式现代化的价值观基础，就是倡导弘扬全人类共同价值，推进和平发展，促进公平正义(实现全体人民共同富裕)，坚持民主自由

（积极发展全过程人民民主）；中国式现代化的哲学根基是"普惠哲学"，实现全体人民共同富裕的现代化、物质文明和精神文明协调发展的现代化、人与自然和谐共生的现代化、走和平发展道路的现代化等，都具有"普惠"意蕴。

这样，道路多样、复数文明、民族特质、为他人性、国家治理、人民至上、共同价值、命运共同、世界贡献和普惠哲学，就构成中国式现代化的标识性范畴。

中国式现代化的核心原理，需经过全面深入研究之后方能精准确定。不过，也可初步确定提炼概括其"核心原理"的总体框架和基本思路。简要说就是：一是中国式现代化生成原理，它回答"何以生成"；二是中国式现代化本质特征原理，它回答"何以为是"；三是中国式现代化目标愿景原理，它回答"实现什么"；四是中国式现代化实现方略原理，它回答"怎么实现"；五是中国式现代化重大意义原理，它回答"何以重要"；六是中国式现代化哲学根基原理，它回答"何为根基"。

中国式现代化的哲学根基是一个全新问题，我国理论界探究不多也不够深入。这里需要尝试性地进行学理探索。依据习近平新时代中国特色社会主义思想的世界观和方法论，根据中国式现代化的本质特征和本质要求，中国式现代化的哲学根基是"主主平等普惠"。西方现代化的哲学根基是"主客二元对立"，它支撑"东方从属于西方"现代化框架。西方现代化曾以两极分化、单向度发展、破坏自然、殖民主义扩张为本质特征，其哲学根基就是"主客二元对立"；中国式现代化是在超越西方现代化和"东方从属于西方"框架的历史进程中出场的。因而,中国式现代化本质上区别并超越于西方现代化,其哲学根基是"主主平等普惠",即人人都是推进现代化建设的主体,也应当是享受现代化建设成果的主体,任何国家和民族都是推进现代化建设的主体,也都应当享受现代化建设的成果;作为主体,主体际之间在权利、机会、规则等方面都应当是平等的;既然都应当是平等的,都是平等的主体,也就应当具有普惠性。从中国式现代化的本质特征和本质要求看,中国式现代化就是具有平等包容普惠的现代化。全体人民共同富裕的现代化,就是全体人民都是创造财富的平等主体,也都是享有共同富裕的平等普惠的主体;物质文明和精神文明相协调的现代化,即两个文明都是齐头并进、并齐发展的平等主体,两个文明相协调就是彼此相互成就,亦即普惠;人与自然和谐共生的现代化,就是人与自然在和谐共生上都是平等主体且平等普惠;走和平发展道路的现代化,就是任何国家在权力、机会、规则上都是平等的主体、普惠的主体,都应当具有平等的普惠性。

三、中国式现代化的伟大意义与中华民族的文化主体性

开创中国式现代化,进一步厘清从中国式现代化到确立中华民族文化主体性的生成逻辑,具有伟大意义,值得深入分析。

（一）历史维度：读懂近代以来的中国首先要读懂中国式现代化

近代以来的中华民族发展史，经历了衰落而又复兴的历史转折，是特别值得研究的历史篇章。需要基于中国式现代化理解并把握近代以来的中国历史、中华民族发展史。

从1840年到1921年，是从近代中国的衰落到中国共产党诞生的历史。从现代化维度讲，这一历史区间的主题和主线，就是在中国推进现代化以防御、应对西方现代化对中国的冲击。因而，应围绕在中国所推进的现代化理解和把握1840年至中国共产党诞生这一区间的历史。洋务运动、戊戌变法、辛亥革命、五四运动，是这一区间历史最值得关注的，而以洋务运动、戊戌变法、辛亥革命、五四运动为主题和主线的这段历史，恰恰就是从器物、制度、文化上对西方现代化潮流冲击的回应。

从1921年中国共产党诞生到中国特色社会主义新时代，中国共产党百余年奋斗的主题，就是实现中华民族伟大复兴，开创并推进和拓展的中国式现代化，是实现中华民族伟大复兴的根本路径。党的二十大报告把新时代新征程中国共产党的中心任务确定为，以中国式现代化全面推进中华民族伟大复兴。在新民主主义革命时期，中国共产党人不仅主张建设国家大工业，而且注重推翻"三座大山"，推翻封建社会，争取民族独立、人民解放，为实现中华民族伟大复兴创造根本社会条件，其目标是建设社会主义。建设国家大工业是现代化建设的重要环节，没有国家大工业，就没有现代化。推翻封建社会，争取民族独立、人民解放，是实现现代化的根本社会条件。实现现代化,从根本上就是从封建社会的愚昧、不开化和野蛮中解放出来,不推翻封建社会,不实现民族独立、人民解放,就根本谈不上实现现代化。在社会主义革命和建设时期,中国共产党开始全面执政,中国共产党人不仅提出建设"四个现代化",而且确立了社会主义基本制度,为实现中华民族伟大复兴奠定政治前提和制度基础。这意味着"四个现代化"是中国共产党领导的社会主义现代化,这是中国式现代化的根本性质和发展方向。在进行改革开放和社会主义现代化建设新时期,就直接是以"社会主义现代化建设"命题的,我们党治国理政的根本目的,就是追赶世界现代化潮流,实现社会主义现代化,为实现中华民族伟大复兴提供充满新的活力的体制保证和快速发展的物质条件。于是,我们党把实现社会主义现代化和中华民族伟大复兴作为建设中国特色社会主义的总任务。中国特色社会主义进入新时代,中国共产党治国理政的中心任务,就是以中国式现代化全面推进中华民族伟大复兴,总的战略安排,就是到2035年基本实现社会主义现代化,到本世纪中叶,全面建成社会主义现代化强国。

因此,要读懂近代以来中国历史、中华民族发展史,首先要读懂中国式现代化。

(二)现实维度:基于中国式现代化解构西方中心论,破解"古今中西之争",建构中国式现代化的文化形态

从现实维度看中国式现代化,具有"破"和"立"两方面重大意义。

从"破"来看,它打破了把现代化等于西方化的迷思,解构了

"西方中心论",破解了"古今中西之争",为推进强国建设、民族复兴扫清思想障碍。这实际上谈的是中西意识形态斗争的根本。中国式现代化理论和西方中心论是中西意识形态斗争的根本。中西意识形态之争,根本就是中国式现代化理论与西方中心论之争。中国式现代化实质上就是为解构西方现代化和西方中心论出场的,它以其"本质特征"和"本质要求",破除了西方现代化和西方中心论的历史弊端,走出了"东方从属于西方"的现代化框架,彰显出区别于西方现代化和西方中心论的优势,为人类实现现代化提供新的选择。中国式现代化也有助于破解"古今中西之争"。"古今"是时间问题,"古",就是如何理解和对待中华传统文化;"今",就是如何看待传统和现代的关系;"中西"是空间问题,"中西",就是如何看待"西体中用"还是"中体西用"等问题。中国式现代化内在要求传承发展中华优秀传统文化,对其实行创造性转化和创新性发展,解决了"古"的问题;中国式现代化内在要求做到"古为今用",使中华优秀传统文化成为现代的,从而为强国建设、民族复兴,为丰富人民精神世界,为推进和平发展、合作共赢提供文化支撑,彰显其时代价值和世界意义,它解决了"今"的问题;在推进"两个结合"进程中,中国式现代化内生出中国式现代化的文化形态,创造一个有机统一的"新的文化生命体",这种新的文化生命体不忘本来(中华优秀传统文化)、吸收外来(西方或人类一切优秀文明成果)、面向强国建设、民族复兴未来,要以"新的文化生命体"为体,做到明体达用,因而它解决了"中西"问题。

从"立"来看,建构中国式现代化的文化形态。中国式现代化在文化上的体现,就是建构中国式现代化的文化形态。这种文化形态,以马克思主义为"魂脉",传承并创新性地发展中华优秀传统文化这一"根脉",吸收一切人类文明有益成果,在上述基础上形成了一种新的文化形态。中华传统文化的文化形态主要是"伦理型文化",相对侧重于"人和人的关系",注重以道德秩序构造一个群己合一的世界,在人己关系中"以他人为重";西方现代化的文化形态,本质上是以资本为主导逻辑的"竞争性文化",相对侧重于"人和物的关系",注重个人;中国式现代化的文化形态"不忘本来",传承发展中华优秀传统文化中的积极元素,"吸收外来",批判吸收西方文化中的合理因素,立足"现在",体现中国式现代化的本质特征和本质要求,是以马克思主义为"魂"、以中华优秀传统文化为"根"的文化,是扬弃中西方传统文化形态意义上的社会主义以人民为中心的文化,是世界意义上的和平发展、合作共赢文化,是哲学意义上的平等包容普惠文化。

(三)理论维度:基于中国式现代化及其理论体系建构中国自主的知识体系

党的二十大报告初步建构起中国式现代化的理论体系。需要以中国式现代化为立论基础,以中国式现代化的理论体系为思想资源,进一步从学理上建构起中国自主的知识体系。

近代以来,西方众多的哲学社会科学及其重大理论总体上是围绕西方中心论建构起来的。中国式现代化就是为解构西方中心论开创和发展起来的,也是从走自己的路中"走"出来的,走自己的路,是党的全部理论和实践的立足点,同理,中国式现代化也是新中国成立特别是改革开放以来党的全部理论和实践的立足点，自然也应成为建构中国自主的知识体系的立足点；以中国式现代化全面推进中华民族伟大复兴，是新时代新征程中国共产党的中心任务，由此可成为建构中国自主的知识体系的立足点。

可以从多种维度入手建构中国自主的知识体系，然而最根本的，就是立足中国式现代化。因为"中国式现代化"是一个具有总体性、根本性、长远性、战略性、世界性、本源性的全称判断和命题，管整体、管全局、管根本、管长远、管战略，完全可以立足中国式现代化的实践经验和理论形态，从中提炼概括出一些标识性范畴与核心原理，进而围绕这些标识性范畴与核心原理建构中国自主的知识体系。

基于中国式现代化建构中国自主的知识体系，首要是提炼概括出中国式现代化理论形态的标识性范畴。如前所述，基于中国式现代化及其理论形态，可提炼概括出"道路多样""复数文明""民族特质""为他人性""国家治理""人民至上""共同价值""命运共同""世界贡献""普惠哲学"等十大标识性范畴，构成了中国式现代化的标识性范畴。这十大标识性范畴具有严密的内在逻辑，构成一个有机整体，从而成为中国式现代化的"内核"与"精髓"：中国式现代化首先是从寻求解决中国问题的现代化"道路"开始的，这是逻辑起点，它强调"道路多样"，区别于西方现代化的"线性道路"。中国道路不仅解决中国问题，而且作为解决中国问题的根本方式，本质上蕴含一种新的文明类型，即彰显出文明多样、文明互鉴的"复数文明"，这是中国道路在软实力上的最大成果,区别于西方的"单数文明"。中国式现代化内生的道路多样、复数文明是最本质的,从深层讲,它们都与中华优秀传统文化、中华文明、中华民族特质有关,有其文化、文明和民族性的根据。中华文明具有五大突出特性,即连续性、创新性、统一性、包容性、和平性,它不仅表明中华民族具有优秀特质,而且也表明中华文化、中华文明对人性的理解是注重"为他",所以,中国式现代化注重"民族特质"和"为他人性",区别于西方的"种族优越"和"为我人性"。"道路多样""复数文明""民族特质""为他人性"的进一步拓展,在更为总体、更为广阔、更为根本、更为长远的意义上,内在要求推进"国家治理"现代化。中国式现代化体现在方方面面,从中国社会主义实践的"后半程"看,最为根本最为集中的体现,就是推进国家治理现代化,它区别于西方的"社会进化"。中国式现代化所主张的"道路多样""复数文明""民族特质""为他人性"和"国家治理",尤其是"国家治理",必然体现在文化价值取向上,这就内在要求坚持"人民至上",它区别于西方的"理性尺度"。中国式现代化的上述内涵及其在世界维度上的价值取向和人类意义,就是倡导弘扬全人类"共同价值",推动构建人类命运共同体,它区别于西方的"普世价值"和"开化使命"。"道路多样""复数文明""民族特质""为他人性""国家治理""人民至上""共同价值"和"命运共同",实质上就是中国为解决人类问题贡献的中国智慧、中国方案,这是"世界贡献",区别于西方的"美丽神话"。从本源意义上,"道路多样""复数文明""民族特质""为他人性""国家治理""人民至上""共同价值""命运共同""世界贡献"之哲学根基,就是"普惠哲学",它从本体上区别于西方的"形而上学"。要言之,中国式现代化的十大标识性范畴及其内在逻辑,既与西方中心论的标识性范畴相区别,也与近代以来西方众多哲学社会科学及其重大理论相区别,又超越了西方中心论,能成为建构中国自主的知识体系的立足点。可围绕中国式现代化的上述十大标识性范畴,建构中国特色的学科体系、学术体系、话语体系及中国自主的知识体系,把这十大标识性范畴作为建构中国特色的学科体系、学术体系、话语体系及中国自主的知识体系的内核。

习近平同志指出:"我们的哲学社会科学有没有中国特色,归根到底要看有没有主体性、原创性。"[1]中国式现代化是中国共产党领导的社会主义现代化,既有各国现代化的共同特征,更有基于自己国情的中国特色。中国式现代化是确立"主体性""原创性"的基石,具有总体性、根本性、长远性、战略性、世界性、本源性。立足中国式现代化建构中国自主的知识体系,必须坚持以习近平新时代中国特色社会主义思想为指导,坚持主体性、原创性,把来自中国式现代化实践的知识成果与理论形态,通过抽象、归纳、概括、演绎形成标识性范畴,在此基础上进一步建立相互之间的本质联系、逻辑结构和知识体系,构成具有科学逻辑的自主知识体系。中国自主的知识体系及由此建构起来的学科体系、学术体系、话语体系,具有相对独立性、自主性和主体性,自然也具有原创性,是中国式现代化的创造,超越了西方中心论,展现出不同于西方中心论的

---

[1] 《习近平著作选读》第一卷,人民出版社2023年版,第482页。

新图景。

（四）世界维度：基于中国式现代化、中国式现代化的文化形态、人类文明新形态和人类命运共同体，发展 21 世纪马克思主义

中国式现代化具有世界意义，集中体现在它是发展 21 世纪马克思主义的立足点。

19 世纪，马克思、恩格斯创立了马克思主义，使社会主义由空想变为科学，至今依然具有指导意义，是我们观察世界、改造世界的科学世界观和方法论。20 世纪，列宁、毛泽东发展了的马克思主义，既使科学社会主义由理论变成现实（列宁），也使科学社会主义理论和实践由西方走向东方（毛泽东）。在世界百年未有之大变局的 21 世纪，在传承马克思主义的根本立场、价值取向、基本原理、方法原则、理想信念的基础上，需要进一步发展马克思主义，这就是 21 世纪马克思主义。

实现中华民族伟大复兴战略全局和世界百年未有之大变局，是发展 21 世纪马克思主义的总依据。中国式现代化是发展 21 世纪马克思主义的立足点，具有本源性。

以中国式现代化全面推进中华民族伟大复兴，既意味着要全面建成社会主义现代化强国，也意味着科学社会主义在 21 世纪中国焕发出强大生机活力，在世界高高举起中国特色社会主义伟大旗帜，意味着中国式现代化的不断发展，为发展中国家走向现代化提供新的途径，为世界上那些既希望加快发展而又希望保持自身独立性的国家和民族提供全新选择，为解决人类问题贡献中国智慧、中国方案，为人类实现现代化提供新的选择，还意味着它打破了把现代化等于西方化的迷思，破解了"西方中心论"。这表明，世界社会主义运动的中心正在历史性地转移到当代中国。世界社会主义运动和马克思主义发展蕴含一条规律，就是世界社会主义运动的中心转移到哪里，发展马克思主义的生长点、发展源就历史性地转移到哪里。世界社会主义运动的中心正在历史性地转移到当代中国，当代中国就必然成为发展21世纪马克思主义的生长点、发展源。

在世界百年未有之大变局的21世纪，发生了与20世纪完全不同的根本变化。从世界社会主义运动和马克思主义发展角度讲，20世纪，是科学社会主义由理论变成现实的世纪，是科学社会主义理论和实践由西方走向东方的世纪，是资本主义发展成为帝国主义的世纪；而21世纪，则是科学社会主义在中国焕发强大生机活力的世纪，是中国特色社会主义走向世界并深刻影响世界的世纪，是中国式现代化为解决人类问题贡献中国智慧、中国方案的世纪，是中国式现代化为人类实现现代化提供新的选择的世纪，是资本主义和社会主义两种制度、自由主义和中国特色社会主义两种意识形态、"普世价值"和全人类共同价值两种价值观、西方现代化和中国式现代化两种范式的现代化、西方中心论和中国式现代化理论两种理论形态较量日趋激烈并发生巨大变化的世纪，是世界社会主义运动的中心正在历史性转移到当代中国的世纪，更是西方主导的世界体系和反西方主导的世界体系两种体系激烈博弈的世纪。在这样的21世纪，马克思主义须与时俱进，要发展21

世纪马克思主义。

发展 21 世纪马克思主义的生长点、发展源主要在当代中国，且聚焦于中国式现代化。中国式现代化必然内生出中国式现代化的文化形态；中国式现代化的世界意义，在于积极构建人类命运共同体，创造人类文明新形态，因为中国式现代化的本质特征之一，是走和平发展道路，要求构建一个和平发展、合作共赢、包容普惠的世界，中国式现代化的本质要求，其中就是推动构建人类命运共同体，创造人类文明新形态；中国式现代化有助于解决中国如何由大国成为强国、科学社会主义如何在 21 世纪中国焕发强大生机活力、中国特色社会主义如何走向世界并彰显超越资本主义的显著优势、中国式现代化如何为人类实现现代化提供新的选择等重大时代问题。从中国式现代化，到中国式现代化的文化形态，再到创造人类文明新形态、构建人类命运共同体，是一个逻辑层层递进、不断提升的关系，构成一个严密的有机整体，共同构成发展 21 世纪马克思主义的基石。中国式现代化也有助于解决上述发展 21 世纪马克思主义必须面对的重大时代问题，为发展 21 世纪马克思主义提供了前提。其中，中国式现代化具有本源性、总体性、根本性和世界性。

（五）总体维度：巩固和高扬中华民族的文化主体性

中国式现代化、中国式现代化的文化形态、人类文明新形态、中国自主的知识体系、21 世纪马克思主义，是新时代我国思想文化建设和意识形态建设最为基本、也最为根本的核心范畴和重大命题，它们之间具有逻辑上的内在本质联系。其落脚点，就是确立、巩固和高扬中华民族的文化主体性。

依据上述论述,中华民族的文化主体性是基于以下逻辑生成并确立起来的。

从总体讲,它走出"东方从属于西方"的现代化框架体系。西方现代化、西方中心论的实质,就是建构起"东方从属于西方"的现代化框架体系。其中,中华民族往往依附于西方,缺乏文化自主和文化主体性。中国式现代化的伟大历史贡献及其实质,就是通过内生、确立和建构现代化问题上的"中国式",走出了"东方从属于西方"的现代化框架体系,解构西方中心论,自主确立起文化自主,进而巩固、高扬中华民族的文化主体性。因而,从世界现代化历史发展看,从中国式现代化历史生成及其实质看,从新时代思想文化建设和意识形态建设看,中国式现代化理论与西方中心论是两种不同的理论谱系和意识形态,二者的较量是意识形态上的根本较量,从根本上更是"主体性"的较量。意识形态之争,都是"主体性"之争,是围绕"主体性"问题展开的。"古今中西之争",总体且根本上可归结为这两种理论谱系及其主体性之争,都可在这两种理论谱系之争中加以定义。研究这两种理论谱系,构成我国思想文化建设、意识形态建设中具有总体性、标识性的前沿问题。把这两种理论谱系及其实质搞清楚,关于思想文化和意识形态建设领域的一切重大理论问题就容易搞清楚。立足"中国式"现代化,建构"中国式"现代化的文化形态,建构"中国自主"的知识体系,中国共产党人发展21世纪马克思主义,最终目的都是为了确立文化自主,为了确立、巩固和高扬中华民族的文化主体性。

展开来说,要基于中国式现代化,把握好六个根本环节:

"合",在开创并推进中国式现代化进程中,要注重并运用好"两个结合",没有"两个结合",确立、巩固和高扬中华民族的文化主体性就缺乏前提。这是确立、巩固和高扬中华民族文化主体性的逻辑起点。

"体",就是马克思主义同中华优秀传统文化相结合,在中国式现代化基础上造就新的文化生命体。它以新的文化生命体为"体",既解决好"体用"之争问题,也解决好对"西"的依附问题,为确立、巩固和高扬中华民族的文化主体性奠定本"体"基础。

"立",即立足中国式现代化,确立中华民族在现代化问题上的自主性和主体性,建构中国式现代化的文化形态,创造人类文明新形态,注重中华文化的自主性成长、内涵式成长、世界性成长和话语性成长,使中华民族掌握现代化理论和实践的话语权,使过去的"现代化在中国"走向"中国式现代化在世界",使"世界失我"经由"世界有我"再到"世界向我",进而确立习近平文化思想,为确立、巩固和高扬中华民族的文化主体性提供理论支柱。

"破",基于中国式现代化,用新的文化生命体破除对西方现代化的迷思,破解"古今中西之争",解构"西方中心论",为确立、巩固和高扬中华民族的文化主体性扫清思想障碍。

"用",明体达用,以新的文化生命"体"达实践之用(为强国建设、民族复兴提供文化支撑)和理论之用(破解"西体中用""中体西用"问题),建构中国自主的知识体系,发展21世纪马克思主义,为确立、巩固和高扬中华民族的文化主体性提供知识支持。

"权",就是党掌握文化领导权、话语权,拥有思想力量和文化力量,它是确立、巩固和高扬中华民族文化主体性的落脚点。

需说明的是,在巩固和高扬中华民族的文化主体性问题上,既不要以妄自菲薄的自卑心态看中国,也不要以狂妄自大的狭隘眼光看世界。换言之,既要立足中国奇迹看世界,坚定自信,也要放眼世界格局看中国,补齐短板。

第二章

中国式现代化的理论形态

我们党提出了"中国式现代化的文化形态"这一命题。[①] 自然,也必然有一个"中国式现代化的理论形态"问题。这一理论形态,党的二十大报告从政治维度已经初步地建构起来,当然还需要从学理维度进一步发展、丰富和完善,并作出深入的论证。

习近平同志指出:"推进理论的体系化学理化,是理论创新的内在要求和重要途径。"[②]纵观人类社会发展史和思想史,凡是具有历史意义和时代价值的重要思想理论,均具有体系化、学理化特质。体系化、学理化,既是重要思想理论形成发展的一般规律,也是重要思想理论科学性的基本标准。因此,学理化建构,既是揭示和阐释思想理论体系科学内涵的基本方法,也是昭示和体现思想理论体系时代价值的内在要求。

从历史发生学角度看,基于中国社会主义建设道路的探索和社会主义现代化建设道路的历史演进,中国式现代化的理论形态,沿着"中国式现代化的实践探索—中国式现代化命题的正式提出—中国式现代化理论的形成发展—中国式现代化的理论形态的初步建构"这一历史逻辑出场。从中国思想理论建构和意识形态建设演进角度看,基于西方先行开启和推动现代化的理论谱系,中国式现代化的理论形态,从学理上正是在西方现代化的理论体系占据中心和统治地位的背景下,在与西方现代化的理论体系的较量和比较中,所作出的历史自觉和自主选择。[③] 一定意义上,中国

[①] 参见习近平:《在文化传承发展座谈会上的讲话》,《求是》2023年第17期。
[②] 习近平:《开辟马克思主义中国化时代化新境界》,《求是》2023年第20期。
[③] 不可否认,西方开启的现代化对推动人类文明进步和世界历史发展,发挥过积极的作用。

式现代化的理论形态,正是针对西方中心论的理论体系而出场并建构起来的,它既区别又超越于西方中心论的理论体系,是解构西方中心论的一把利剑。总体来讲,西方中心论是扩大了的欧洲中心主义,是欧洲中心主义自身逻辑与权力体系的放大,它既与资本主义的全球性扩展具有同构关系,又将非西方视为西方扩展和殖民的对象,因而具有强烈而鲜明的霸权意识。黑格尔对欧洲中心主义乃至西方中心论作出了最为系统、深入和精致的哲学论证。西方中心论,是由"线性道路"、"单数文明"、"民族优越"、"为我人性"、"社会进化"、"理性标准"(或"万能理性")、"普世价值"、"开化使命"、"美丽神话"(或"上帝神话")、"唯一哲学"等基本要素所建构起来的理论体系与意识形态。马克思晚年的东方发展道路理论、列宁晚年对经济文化落后的俄国向社会主义过渡道路的探索,走自己的路、中国特色社会主义道路、中国式现代化新道路,就是批判和超越西方中心论的历史成果,中国式现代化,就是拒斥西方中心论的叙事逻辑而向人类实现现代化展现出的文明图景。中国式现代化的理论形态,以思想的力量,不仅打破了西方中心论的话语霸权,而且在实践上引领中国式现代化的发展,为人类实现现代化提供新的选择。基于上述理解,从学理上建构中国式现代化的理论形态,就成为建构中国式现代化理论体系的基本进路。

完整且从学理上来讲,中国式现代化的理论形态,是基于以下十大要素及其内在逻辑建构起来的。

一、本质特征：中国式现代化内蕴发展道路的多样性

西方中心论认为,西方现代化道路是世界实现现代化的普遍的、唯一的道路,世界各国要实现现代化,必须走西方现代化道路。用我们中国的话来讲,似乎"自古华山只有一条路"。这种理论只看到现代化的普遍性而忽视其特殊性。

实际上,任何样式的现代化都是普遍性和特殊性的统一。毫无疑问,中国式现代化与世界各国现代化具有共同特征。从横向一般要素来讲,在从农业社会向工业社会转变的社会结构之历史变迁进程中,任何国家搞现代化都必然注重工业化、城市化、全球化,注重市场经济、科学技术,注重民主法治、公平正义、自由平等。自改革开放以来,我国社会主义现代化建设从总体上也注重这些一般性要素。从纵向发展规律来看,任何国家搞现代化都必须遵循现代化发展的一般规律。如何揭示现代化发展的一般规律？这是学术界还需要进一步深究的一个重要理论问题。世界各国现代化发展的一般规律,简要来说,就是现代化起飞阶段相对注重发展动力,持续运行阶段相对注重发展的平衡和谐,当发展动能不足、发展失衡时,就要注重治理。中国式现代化,也遵循这条一般规律。

习近平同志指出:"每个国家和民族的历史传统、文化积淀、

基本国情不同,其发展道路必然有着自己的特色。"①他把发展道路问题置于"四个讲清楚"的首位,彰显了走什么样的发展道路之于现代化的前提性意义。各个国家搞现代化,也必然具有本国特色。中国式现代化的发展道路集中体现为"多样性"。用我们中国的话来讲,"条条大路通罗马"。当今世界,最具世界影响的现代化,是西方现代化和中国式现代化。针对西方"以资本为中心、两极分化、物质主义膨胀、对外扩张掠夺,并以其他落后国家为代价"的资本主义现代化,为解构西方现代化的"线性史观"及其"线性道路",中国式现代化的本质特征集中体现为"中国特色"。这是中国式现代化的"多样性""生成"逻辑,它从"生成路径"上回答中国式现代化"是什么"的问题。

"一般只能在个别中存在,只能通过个别而存在","任何个别都不能完全地包括在一般之中"。② 在理论上,中国式现代化坚持历史发展道路的多线性和走向社会主义道路的多样性,认为任何国家最终都要走向现代化,但都要根据本国的国情、历史、文化、传统和实际,选择适合本国国情、解决本国问题的自主发展道路,决不能"用西方的鞋套中国的脚""用西方的公式剪裁中国的现实""耕了西方地荒了中国田";否则,就会适得其反。在实践上,中国式现代化强调要符合中国具体实际,坚持走自己的路,具有中国特色,这就是中国共产党领导的社会主义现代化,是人口规模巨大的现代化,是全体人民共同富裕的现代化,是物质文明和精神文明相

---

① 《习近平谈治国理政》第一卷,外文出版社2018年版,第155页。
② 《列宁选集》第二卷,人民出版社2012年版,第558页。

协调的现代化,是人与自然和谐共生的现代化,是走和平发展道路的现代化。① 这就深刻揭示了中国式现代化的科学内涵及其本质特征,揭示了中国式现代化的本和源、根和魂。在历史上,回溯中国现代化历程的艰辛探索,探析中国现代化实践生成的坚实足迹,盘点中国现代化的人类文明意蕴,我们不难发现,中国式现代化在定义或规定其现代化发展道路的选择上,在定义或规定其本质要求和重大原则上,具有强烈的历史规律意识和历史主体意识,内蕴历史发展的普遍性和特殊性统一、连续性和阶段性统一、进步性和曲折性统一,以及历史发展道路的多线性。

中国式现代化道路的特殊性,主要体现在政治基础的特殊性,即历史和人民选择的中国共产党领导的社会主义现代化;历史和文化基础的特殊性,即中国式现代化有深厚的文化根基和历史传统;现实基础的特殊性,即是人口规模巨大的现代化;本质特征的特殊性,即本质上不同于西方那种"以资本为中心、两极分化、物质主义膨胀、对外扩张掠夺,并以其他落后国家为代价"的资本主义现代化;理论基础的特殊性,即"两个结合"所形成的中国化时代化的马克思主义;哲学基础的特殊性,即"主主平等普惠";实践愿景的特殊性,即牢牢把握五个重大原则②,致力于全面建成富强民主文明和谐美丽的现代化强国。

在学理上,可从五大逻辑进一步深化对中国式现代化本质特

---

① 参见习近平:《高举中国特色社会主义伟大旗帜 为全面建设社会主义现代化国家而团结奋斗——在中国共产党第二十次全国代表大会上的报告》,人民出版社2022年版,第22—23页。
② 五个重大原则是:坚持和加强党的全面领导,坚持中国特色社会主义道路,坚持以人民为中心的发展思想,坚持深化改革开放,坚持发扬斗争精神。

征的理解。(1)政治逻辑是中国共产党领导的社会主义现代化，它体现了社会主义的本质要求。这就在性质和方向上与西方现代化区别开来。(2)时代逻辑是"强国时代"。这是我国发展起来以后走向强起来的时代，亦即是全面建成社会主义现代化强国、实现中华民族伟大复兴的时代(或强国建设、民族复兴)。中国式现代化的"五句话"本质特征，就是对接新时代大国成为强国的"强国时代"的，它是大国成为强国即实现强起来的现代化。(3)现实逻辑是人口规模巨大。这意味着中国式现代化与西方现代化不同，其艰巨性和复杂性前所未有，其发展途径和推进方式也不同于西方现代化，因而整体迈进现代化社会不能急于求成，要保持历史耐心，坚持稳中求进、循序渐进、持续推进。(4)理论基础是新发展理念。以创新发展、协调发展、绿色发展、开放发展、共享发展为核心内容的新发展理念，是我国发展壮大的必由之路，这是我们在长期实践中得出的至关紧要的规律性认识。全体人民共同富裕的现代化与"共享发展"本质相同，物质文明和精神文明相协调的现代化与"协调发展"本质相通，人与自然和谐共生的现代化与"绿色发展"本质相关，走和平发展道路的现代化与"开放发展"本质对接，人口规模巨大的现代化内在要求充分发挥亿万人民的创造伟力与"创新发展"本质相联。

中国式现代化道路，蕴含现代化发展道路的多样性、创新性、独特性和自主性，它是"世界现代化道路"的一种新的范式和类型，具有世界意义。中国式现代化深深植根于中华优秀传统文化、历史传统与中国国情，体现了科学社会主义的先进本质，借鉴吸收人类文明一切优秀成果,代表人类文明进步的发展方向,展现了不同于西方现代化模式的新图景,打破了似乎"自古华山只有一条路"的对"现代化=西方化"的迷思,强调"条条大路通罗马",创新性地走出一条不同于西方现代化道路的新型现代化道路,拓展了发展中国家走向现代化的路径选择,也为人类实现现代化提供了新的选择。

这在实质上是倡导非线性史观和现代化观,区别于西方中心论的线性史观和"西方现代化道路是唯一现代化道路"的道路观,是中国式现代化的"道路存在"。

二、文明形态:中国式现代化创造中华民族现代文明、人类文明新形态

审察长期以来普遍流行甚至根深蒂固的关于文明形态的理论,以社会形态作为论据的"五形态"说,以技术形态作为论据的渔猎、农业、工业文明"三形态"说,以传统—现代二分作为论据的"二形态"说,均认为文明具有唯一性、同一性、单线性、确定性、规范性,文明形态具有一元性、单数性,进而认为文明只属于欧洲或西方,拥有先发现代化的"高尚民族"就站在了人类文明发展的制高点上,在价值上具有了解释世界如何运转、历史如何进步的话语权,而非西方的"非文明民族"则属于需要文明开化的"野蛮、愚昧民族",这在实质上奉行的是"单数"一元文明。

针对这种臆造出来的"单数一元文明"的神话,中国式现代化作为一种基于人类文明在中国的具体实现形式,主张文明是从"真善美"上对社会和人的发展进步的总体性描述,本质上是一个"事实判断",因而主张文明具有多样性,应当互学互鉴,这可称之为"复数"文明观。这是中国式现代化的"文明"逻辑,主要回答中国式现代化如何彰显"人类文明"问题。

建设中华民族现代文明,是推进中国式现代化的必然要求。中国式现代化的本质要求之一,是创造人类文明新形态。这是对中国式现代化的文明形态的明确宣示和集中表达。结合上述理解,我们尝试性从本源、关系、过程、结构、功能五个方面,展开对中国式现代化的文明形态之科学内涵及其深层逻辑的学理阐释。

本源意义上的中华民族现代文明,揭示的是其本体性存在。文明的本体论基点是"人"之真善美,而不是"物",是基于"为他"的整体人类社会和人的发展进步亦即普惠。我们不能因为文明进程的推进而忘却和忽视"人"这个原点,忘却和忽视文明是对愚昧、野蛮、丑恶的摒弃,是对"真善美"坚持不懈的"元"追求及其累积起来的积极成果。为此,中国式现代化所秉持的文明观具有四大要素:对创新动力、创新能力、创新活力的不懈追求及其积累起的积极成果;对平衡、和谐的不懈追求及其积累起的积极成果;以德治和法治的协同使世界与国家、社会得到有效治理;对人类、群体、个人与世界、国家或民族、社会等发展进步的追求且达至共生共进共享进而井然有序,使人人过上美好生活。

关系意义上的中华民族现代文明,揭示的是其关系性存在。

任何事物都处在各种关系构成的系统之中,文明主要是通过在与文化关系的辨析中加以把握的。文明和文化都是难以释清的概念,二者有着直接和复杂的关系,人们时常将二者等同,时而也把二者对立。其实,在作为"人化"的产物以及均具有"化人"的功能这两大方面,二者具有相通之处。然而,当务之急是厘清文化和文明的区别。厘清二者的区别,不仅能深化对文化和文明问题的理解,而且也会推进文化和文明理论上的创新突破。

哲学是文明活的灵魂。我们不仅可以从考古学、文字学方面推进文明探源工程,也可以从哲学入手推进文明探源工程。从哲学意义上讲,文明和文化具有重要的区别。

一是相对性不同。文化主要是相对于未经人的活动外化的"原始自然"而言说的,讲的是"人化自然""人化事物",是人的内在本质力量的对象化。就此而言,它定义了文化含义的基本走向。文明则是相对于未经开化的"野蛮""丑恶"而言说的,说的是人类追求真善美的"发展进步"过程和结果。就此而言,它定义了文明含义的基本走向。正像鲍登在《文明的帝国》一书中所说:"传统上,文明的对立面是野蛮。"[①]

二是哲学基础相对不同。文化的哲学基础是知识论,主要与认识世界相关。它相对侧重于人和物的关系框架中的"人化"事物或"人化为物",相对注重运用文化知识、技术技能做事化事,注重外化于事物,主要坚持事物尺度。"理性""知识""技艺""科学

---

① 布雷特·鲍登:《文明的帝国》,社会科学文献出版社2020年版,第16页。

技术""社会财富",是其常用范畴。文化也有"化人"之义,即注重使"自然人"掌握文化知识和技术技能进而适应社会,把"自然人"化为"社会人"。然而,文化之"化人"和"人化"有积极和消极两个方面。积极的方面是通过把文化转化为文明而化人和化物。教育的功能在于"化人",既化为"文化人",又化为"文明人"。然而,当今我们的教育重"文化人"有余而重"文明人"不足。文明的哲学基础主要是价值哲学和道德哲学,主要与改造世界和教化人相关。它相对侧重于人和人关系框架中的"化人",即使人成其为"人"的积极成果(由自然人到社会人再到具有健全人格的人),是一种人类"开化""教化"性的自我约束、自我完善、自我进步,相对注重化人做人且为他,注重内化于人、化人为善,主要坚持人的尺度。"德性""德行天下""善治""伦理道德""民主法治""公平正义",是其常用范畴。它也有"人化"因素,但它是人化过程中因人性进步而注重"为他"的发展进步的积极成果。这里,文化不完全等于文明,文明也不完全等于文化,文化中蕴含文明但不都是文明,文明中有文化但不等于所有的文化,即文明是"文化之善",是文化成果中有益于人性进步且化人为"善"的进步方面;文明高于文化,因为西方文化在一定意义上会异化为野蛮,而文明特指化人为善、利他进步的事实。福泽谕吉就指出:在未开化的野蛮时代,支配人们关系的,唯有道德。[1]

三是侧重点相对不同。文化是基于民族性和地域性的一个概

---

[1] 参见福泽谕吉:《文明论概略》,商务印书馆1959年版,第108页。

念,相对强调民族自我、民族特质、民族差异和民族认同,它看重传统,注重边界。人们常说的欧洲文化、中国文化、印度文化便是如此。文明当然也会呈现民族特色及其独特性,但从整个人类发展进步来讲,它更加注重民族之间的统一性、交融性、互鉴性,注重民族或地域文明所具有的世界意义,它超越边界,看重人性进步和人类进步。一定意义上所讲的农业文明、工业文明、生态文明,就是如此。

四是作用相对不同。文化有先进落后、好坏优劣之分,落后的、坏劣的文化会阻碍人类与国家、社会的发展进步包括文明进步。我们讲的"代表中国先进文化的前进方向",就表明文化有"先进"和"落后"之分。基于事实且作为描述性概念的文明,是人类发展和文化发展之演进中沉淀下来的有助于人性进步、人类进步、国家进步、社会进步的积极成果,是文化中的先进方面和状态,适合整个人类共用,它只有特色不同,没有优劣之分。世界上不存在十全十美的文明,也不存在一无是处的文明,文明没有高下、优劣之分,只有特色、地域之别。尼采也认为:文明"无非是精神纪律、自我克制;相反,文化则可以同社会颓废现象密切联系在一起"[1]。

五是存在方式相对不同。文化之本,是一定地域的人的生产方式、生活方式、行为方式、思维方式的呈现,是一个国家、民族的存在样式,不可复制,如中华文化等。文明之本,则是一个国家、民

---

[1] 布雷特·鲍登:《文明的帝国》,社会科学文献出版社2020年版,第47页。

族之生产方式、生活方式、行为方式、思维方式,以及存在样式的"形象"呈现,是一个国家、民族发展进步事实的积极呈现状态,如政治文明。

过程意义上的中华民族现代文明,揭示的是其过程性存在。哲学层面的文明演进过程,侧重于人类交往范式的历史变迁。依据马克思社会发展和人的发展"三形态"理论,可以把这一过程描述为基于"人的依赖"的"主客混体"文明范式—基于"物的依赖"的"主客二分"文明范式—基于"每个人自由全面发展"的"主主平等"文明范式。

结构意义上中华民族现代文明,揭示的是其结构性存在。即可以也应当将文明置于人与世界的关系结构中来理解。中国式现代化的文明观,在人和物的关系上就是大力发展物质文明,进而实现共同富裕;在人和人关系上就是人际文明,把人当作目的;在人的身心关系上就是精神文明,实现精神充盈富足;在人和自然关系上就是生态文明,走向人与自然和谐共生;在人和社会关系上就是社会文明,注重公平正义、善治良序;在人和国家关系上就是政治文明,注重德法并治、人民民主。

功能意义上的中华民族现代文明,揭示的是其功能性存在。中国式现代化的文明观倡导文明进步评价标准的同一化(不是"双标")、评价主体的公正化(避免话语垄断)、评价方式的正义化(利于人类进步)、评价话语的共识化(不是唯我独尊),防止借话语权而把文明异化为野蛮,反对借主导"文明标准"的制定而演化为帝国殖民扩张。鲍登指出:"文明"是一个既可以描述现实又能塑造现实的概念，"文明"这一术语的力量相当大，既可以用于赞扬，亦可用于谴责。①

中国式现代化立足人类社会，创造出了中华民族现代文明，这是一种人类文明新形态。这在实质上推崇的是复数多元文明观，区别于又高于西方中心论的"单数文明"，是中国式现代化的"文明存在"。

三、民族特质：中国式现代化彰显中华民族的鲜明特质

西方所强调的现代化的一般样态、共性特点，或者剥离现代化的民族属性且强调现代性，或者强调"民族优越论"，其实质是为"西方中心论"辩护的。针对西方中心论中的"民族优越论"，我们强调中国式现代化的民族特质，就是强调中华文明最能体现中华民族的突出特性。这是中国式现代化的"民族性"逻辑，主要回答中国式现代化的"根脉"问题。

马克斯·韦伯强调：民族国家是国家与民族的结合。在一般意义上，不同民族都具有各自特点的自然条件，如地理环境、语言文字，历史传承如文化传统、道德习俗，社会状况如经济实力、文化实力、政治影响等，这些因素的内在联系和综合作用，必然造就一个国家不同的民族特性。作为"两个结合"的理论创新最新成果，

---

① 参见布雷特·鲍登：《文明的帝国》，社会科学文献出版社2020年版，第9—10页。

中国式现代化的理论形态根植于中华民族深厚的文明沃土,引领谱写中华民族现代文明,致力现代化强国建设和中华民族伟大复兴,从而赋予自身具有深刻而鲜明的中华民族文化特质和中华民族突出特性,成为中华文化和中国精神的时代精华的现代化篇章。中华优秀传统文化有很多重要元素,共同塑造出中华文明的突出特性。习近平同志在文化传承发展座谈会上的重要讲话,首次系统而深刻阐明了中华文明具有突出的连续性、创新性、统一性、包容性、和平性等五个突出特性。这既是对中华文明突出特性的最新阐发,也是我们理解和把握中国式现代化之民族特质、民族底蕴的根本遵循。

生生不息的生命基因彰显中华民族突出的连续性。这是在历史进程意义上,将中国式现代化置于人类发展的历史长河,在与其他现代化形态比较的意义上揭示中国式现代化所具有的强大生命力的民族之源。中国式现代化的生命源头和历史根基发祥于中华民族的生产生活实践,这不仅体现在天然造就的封闭性的地理环境所提供的防御外敌入侵屏障,多子多福观念生成的规模化的人口资源所提供的维系社会生产的基本资源,与大自然和平共处形成的自然经济所提供的生存和生活资料,也体现在延绵不绝的礼教和宗法所维系的大一统政治社会及其超稳定的社会结构。中国式现代化的生命养分和现实根基,来源于中华民族创造的丰厚充盈的文明成果,一脉相承的优秀文化基因,接续创造的博大文明成果,特别是在近代以来历代仁人志士探索基础上中国共产党带领全国人民创造的巨大物质财富和精神谱系,为中国式现代化提供了最为厚重的坚实支撑。因而,中国式现代化是赓续古老文明的现代化,而不是消灭古老文明的现代化;是从中华大地长出来的现代化,不是照搬照抄其他国家的现代化;是文明更新的结果,不是文明断裂的产物。① 中国式现代化的生命精神和价值根基来源于马克思主义,植根于中华优秀传统文化。这主要体现在中华民族始终是一个自强不息、奋斗进取的文化生命体,"生于忧患、死于安乐"的民族忧患意识、"走自己的路"的民族自信精神、"自强不息"的民族奋斗意志等,是其鲜明表达和集中体现。因而,中华优秀传统文化的宇宙观、天下观、社会观、道德观,是中国式现代化的重要思想资源,滋养了中国式现代化独特的世界观、价值观、历史观、文明观、民主观、生态观,赋予了中国式现代化以强大的历史自信和文化自信。

兼容并蓄的体系结构彰显中华民族突出的包容性。这是在体系性意义上,将中国式现代化置于人类思想演变的历史长河中,在与其他现代化形态之比较意义上,揭示中国式现代化所具有的鲜明体系性的民族之源。中国式现代化的理论形态的相对独立性及其与中国特色社会主义理论体系、习近平新时代中国特色社会主义思想之间的内在联系性,中国式现代化的理论形态在学科上贯通哲学、政治经济学、科学社会主义,在领域上覆盖经济、政治、文化、社会、生态、科技、军事、外交、党建等,在立场观点方法上相互支撑,从而形成科学的理论体系,都与中华民族以儒家思想为主、

---

① 参见习近平:《在文化传承发展座谈会上的讲话》,《求是》2023年第17期。

以道释法等为辅的兼容并蓄的文化基因和特质,与"多元民族文化""一体中华文化"并存共处的中华民族文化历史,是一脉相承的。习近平同志强调:"要不断深化理论研究阐释,重点研究阐释我们党提出的新理念新论断中原理性理论成果,把握相互的内在联系,教育引导全党全国更好学习把握新时代中国特色社会主义思想的理论体系。"① 当前最为迫切的一个重大课题,就是揭示和阐释中国式现代化的理论形态与中国特色社会主义理论体系、习近平新时代中国特色社会主义思想的内在联系,澄明认识和思想上的困惑。

返本开新的进步理念彰显中华民族突出的创新性。这是在创造性意义上,把中国式现代化置于人类社会发展的理论图谱中,在与其他现代化形态之比较意义上,揭示中国式现代化所具有的巨大创新性的民族之源。中国式现代化之所以能够取得巨大成就,能够成为人类实现现代化的新的选择,能够开创中华民族现代文明,其中最为根本的,就是中国共产党始终传承"返本开新"的优秀文化传统,坚持"两个结合",大力推进实践创新和理论创新,不断推进和实现现代化理论的与时俱进。中华文化传承下来的神话传说、寓言故事、成语典故等,蕴含的就是中华民族的优秀品质和创新精神,如女娲补天、愚公移山、火正祝融、金睛无支祁、燧人取火、大禹治水、伏羲画卦、神农尝百草、盘古开天、精卫填海、夸父逐日、女娲造人、后羿射日、鹿女降龙、神笔马良、灶王爷救百姓等等。

---

① 习近平:《开辟马克思主义中国化时代化新境界》,《求是》2023年第20期。

这就从根本上决定了中华民族守正不守旧、尊古不复古的进取精神,决定了中华民族不惧新挑战、勇于接受新事物的无畏品格。

整体发展的价值追求彰显中华民族突出的统一性。中国式现代化的理论形态之价值取向的一个鲜明特点,就是十分注重差异格局中的统一性和共同性。在新时代,各个民族在实现社会主义现代化进程中共同走向物质生活共同富裕和精神生活共同富裕,就呼应了"我们致力于共同富裕,让每一个中国人都过上美好生活。摆脱贫困,是中华民族的千年梦想。共同富裕,是中国人民的共同期盼"[1]。这种精神,也决定了中国式现代化必然得到中华大家庭各个民族的拥护和支持。

最后,和平发展的道路选择彰显中华民族突出的和平性。这不仅表达了中华民族自古就倡导的"协和万邦、兼济天下、美美与共、世界大同"的天下胸襟和情怀,也从根本上决定了中国始终是世界和平的建设者、全球发展的贡献者、国际秩序的维护者。中国式现代化是走和平发展道路的现代化,就充分体现这一点。

中华文明的突出特性表达了中华民族的鲜明特质,这种突出特性和鲜明特质又使中华民族进而使中国式现代化具有显著的民族优势。中国式现代化,是从新中国成立以来的中国伟大实践进程中走出来的,具有连续性;它区别并高于西方现代化,具有创新性;它是中国共产党领导的社会主义现代化,也与各国现代化具有共同特征,具有统一性;它不忘本来、吸收外来、面向未来,具有包

---

[1] 习近平:《汇聚两国人民力量推进中美友好事业——在美国友好团体联合欢迎宴会上的演讲》,《人民日报》2023年11月17日。

容性;它走和平发展道路,具有和平性。

这是中国式现代化的"民族性存在"。

四、为他人性:中国式现代化在社会性的群己关系中注重他者

针对西方中心论"以物的依赖性为基础的人的独立性",且在群己关系中注重自我、为我的人性逻辑,中国式现代化实现了对西方现代化对人性理解的本质性超越,这集中体现为在社会性的群己关系中定义人性和人的本质,认为人的现实本质就是社会关系的总和,是在社会性的群己关系中注重他者。这是中国式现代化的"人性"逻辑,主要回答中国式现代化的"人性基础"问题。

习近平同志明确指出,"现代化的本质是人的现代化"[1]。这一论断的深层理据,源于中国哲学对人的本质的理解。

中国哲学对人的理解区别又高于西方哲学对人的理解。西方哲学相对注重从自然本性理解人,把人理解为单个个体,强调人之实体就是个人,较为注重作为自然人的自然属性(或生物本能)和精神属性,将个人对物质、利益与自由、民主、人权的追求视为天经地义的,属于天赋人权,符合自然秩序,切合人的本性,进而把占有私有财产视作神圣不可侵犯,把追逐物质财富视作至高无上,把个

---

[1] 中共中央文献研究室编:《十八大以来重要文献选编(上)》,中央文献出版社2014年版,第594页。

人自由、民主视作天然权利,把实现自我价值视作人生的全部意义。于是,关于人的本性是"自私""自保""人和人的关系像狼"等理论就纷纷出场。这里的"自我""为我",实质上是西方的化身,是西方的人格化表达,是放大了的"西方自我、西方为我"。

中国哲学不否认人的自然属性,但更加注重人的社会性,注重人的社会关系,主张在整体性视域即在群体、社会关系中理解人的本质,坚持社会性、社会关系在人的本质规定中处于根本地位和首要位置,认为单纯将自然本性视为人的全部本性,势必将人等同于动物。人只有在一定的社会关系总和中才能成其为人,这意味着人的社会关系也是一种实体,要从人的社会关系总和中去理解和把握人的社会性,从人的社会性和整体性中理解和把握人及其本质。由此,中国哲学就往往从"伦理关系""群体关系""他者""为他之仁"去理解和把握人及其本质,强调人是"大写的人",是在社会性的群体性关系中成其为人的,是在创造社会价值中实现自我价值的,是在关怀他者中使其成为善者的。由此,人首先应注重其集体性。这样来理解和把握人,显然比西方对人的理解要文明得多。

中国式现代化的本质特征,就是在各种关系及其"为他"关系中来定义和理解的。人口规模巨大的现代化,讲的主要是在迈进现代化社会中,中国人口规模和发达国家总人口的比较关系;全体人民共同富裕的现代化,主要讲的是所有中国人民在创造和分配财富上的关系;物质文明和精神文明相协调的现代化,主要讲的是物质文明和精神文明的关系;人与自然和谐共生的现代化,主要讲的是人与自然的关系;走和平发展道路的现代化,主要讲的是与世界其他国家之间的关系。

总之,中国式现代化不是西方中心论那种以自我为中心的利己主义、损人利己的现代化,而是奉献自我、服务社会、关怀他者的现代化。这可称之为"人的为他本质观",是中国式现代化的"人性存在"。

五、社会治理:中国式现代化坚持动力、平衡和治理相统一

针对西方中心论提倡"社会进化"所导致的"西方之乱"与"世界困局"(如世界的对立、冲突、分裂等),中国式现代化运用马克思主义社会基本矛盾理论,吸收发展哲学的社会发展机制理论,强调治理现代化是现代化的题中之义,强调建设社会主义现代化要坚持动力、平衡和治理有机统一。这是中国式现代化的"治理"逻辑,主要回答中国式现代化的"社会治理"问题。

作为共性与个性内在统一的中国式现代化,必然要求构建中国式社会治理现代化的维度。这一维度强调现代化既是一个多线性的系统治理,也是一个有规律可循的社会历史发展过程:从横向静态来讲,基于历史发展道路的多线性,注重对现代化系统各要素的战略性思考、全局性谋划、整体性推进,亦即注重全面协调、统筹兼顾、平等普惠,其中最主要的,就是必须体现中国式现代化的本

质要求和重大原则;从纵向动态来说,这种规律坚持现代化发展的动力、平衡和治理相统一。就是说,它把中国式现代化的本质要求和重大原则所蕴含的注重战略性思考、全局性谋划、整体性推进,注重全面协调、统筹兼顾、平等普惠,聚焦于坚持动力、平衡和治理相统一,并将其作为社会治理原则,全面贯彻到现代化建设的一切领域和现实进程中。坚持动力、平衡和治理相统一,蕴含着坚持效率和公平有机统一、动力和平衡有机统一,体现了中国式现代化的本质要求和重大原则,区别又高于西方中心论的"社会进化论"。

中国式现代化的动力机制,是指现代化建设中的基础性、核心性要素的相互联系和作用所构成的动力系统及其作用机理,它试图解决现代化的动力、活力和效力,从而使现代化各要素、各方面和各领域充满发展动力和创新活力。依据马克思主义基本原理,生产力和生产关系的矛盾运动是人类社会发展的根本动力,科学技术、制度机制、阶级斗争等,是社会发展的重要动力。构建和完善中国式现代化的动力机制,主要解决的是解放和发展社会生产力,从而实现高质量发展这个根本任务问题。

中国式现代化的平衡机制,是指现代化各要素、各方面和各领域之间在系统上的协调、平衡、和谐,在运行上的稳定、有序及其作用机理。马克思主义科学描绘了未来理想社会的美好蓝图:"这种共产主义……是人和自然界之间、人和人之间的矛盾的真正解决,是存在和本质、对象化和自我确证、自由和必然、个体和类之间的斗争的真正解决。"①构建和完善中国式现代化的平衡机制,主要解决的是社会各要素的全面协调、统筹兼顾、公正和谐、稳定有序,使发展成果更多更公平惠及全体人民,最终达至团结奋斗、合作共赢、共同富裕。

中国式现代化的治理机制,是指现代化各要素、各方面和各领域之间的优化、配合及其作用机理。构建和完善中国式现代化的治理机制,主要解决的是生产关系和生产力、上层建筑和经济基础之间的不相适应,以及经济、政治、文化、社会、生态等领域体制不够完善问题,既为现代化建设注入强大动力和创新活力,又促进现代化建设的平衡和谐稳定。

改革开放以来,我国之所以能够创造经济快速发展奇迹和社会长期稳定奇迹,就是因为不断推进社会治理体系和治理能力现代化,妥善处理现代化建设中改革发展稳定的关系。正确处理改革发展稳定的关系,既是我国改革开放和社会主义现代化建设的一条基本经验,也是改革开放和社会主义现代化建设所遵循的一个基本方法。"发展"与动力机制有关,"稳定"与平衡机制有关,"改革"本质上是一种治理机制,目的就是致力于解决好动力和平衡的有机统一问题。习近平同志在学习贯彻党的二十大精神研讨班开班式上发表重要讲话强调,推进中国式现代化必须正确处理好效率与公平、活力与秩序等一系列重大关系。这正是我们党对于正确处理改革发展稳定之间关系的深化和拓展。

---

① 马克思:《1844年经济学哲学手稿》,人民出版社2000年版,第81页。

中国式现代化注重动力、平衡、治理相统一，区别又高于西方中心论的"社会进化论"，可称为"社会治理观"，是中国式现代化的"社会性存在"。

六、人民标准：中国式现代化坚持以人民为中心的发展思想

针对西方中心论的"理性尺度"或"理性标准"观，中国式现代化在本质要求和重大原则上坚持人民至上、坚持以人民为中心的发展思想，强调检验中国式现代化成败得失的根本标准，是人民标准。离开人民标准，其他都无从实现、无从谈起。这是中国式现代化的"人本"或"民本"逻辑，主要回答中国式现代化的"人民性"问题。

西方中心论强调理性万能，理性具有唯一性、主体性、裁定性和统治性，认为理性是万事万物的最高尺度和评判标准，一切都要拿到理性的审判台前加以评判。这种万能理性，实质上就是"西方至上""西方标准至上"的本质体现，认为西方就是那种万能的理性。

中国式现代化首先遵循现代化发展的一般逻辑和普遍规律，它没有脱离世界现代化进程、人类文明进程的进步轨道，这是中国式现代化的"真理性"方面，否则，就没有资格称之为现代化。然而，在此基础上，中国式现代化又是由中国人民能动创造和自主建

构的,它在深化和发展现代化普遍规律的基础上,更注重坚持人民至上、坚持以人民为中心的发展思想,把实现人民对美好生活的向往作为现代化建设的出发点和落脚点。中国式现代化固然重视发挥资本的作用,但其遵循的根本逻辑并非资本逻辑,而是坚持人民至上、坚持以人民为中心的人本逻辑、人民逻辑。这种逻辑的核心内容就是:把人民当作主体,一切依靠人民;把人民当作目的,一切为了人民;把人民当作标准,坚持人民至上;把人民当作根基,牢牢扎根于人民。由此,中国式现代化把发展全过程人民民主、丰富人民精神世界、实现全体人民共同富裕、促进人与自然和谐共生,作为中国式现代化的本质要求,把坚持以人民为中心的发展思想作为一个重大原则。中国式现代化的理论形态的真理性和人民性在其显著成效中得到了充分验证:中国式现代化的伟大实践,使党和国家事业取得了历史性成就,发生了历史性变革,也建构起行之有效的现代化的中国范式。这才是其之所以打破"现代化等于西方化"迷思的理论凭依和现实支撑,也是对西方现代化的根本性超越。

中国式现代化把坚持真理性和人民性相统一的人民标准看作最高尺度,它具有本质性、判别性、主体性,强调一切都要拿到人民标准的评判台加以评判,认为只有坚持人民标准,才能真正实现中国式现代化。因而,可基于人民标准来引领中国式现代化,用人民标准检验中国式现代化的推进和拓展的实效。

人民标准观区别又高于西方中心论的理性尺度观或理性标准观,可称之为"人民标准观",是中国式现代化的"人民性存在"。

七、共同价值：中国式现代化倡导全人类共同价值

全人类共同价值与西方"普世价值"有本质区别。"普世价值"既是一种哲学价值观，又是西方中心论所主张的一种资产阶级意识形态。

"普世价值"是一种"主客二元对立"的思维方式，它在本质上以"我"为"主"，把"他者"当作纯粹的"客"，而且是与"我"不平等的"客"，甚至是与"我"根本对立的"客"。因而，"普世价值"时常在一种以"我"（西方）为"主"、以"我"（西方）为"中心"的"自我优越感"中，不加掩饰甚至毫无遮掩地利用强制手段推行自己的价值理念。显然，这种"主客二元对立"的思维方式奉行的是"双重标准""单边主义"。

"普世价值"的底层逻辑是，西方是"普世价值"的确定者；"普世价值"的具体内容是依据资本家、资产阶级的根本利益设置的；它凭借抽象普遍性的外表，向全世界输出和推广"普世价值"；在输出和推广过程中，掌握着定义和解释"普世价值"的话语权、裁定权；如果西方认为其他国家"违背"了"普世价值"，就会凭借"抽象的道义"或"美丽的神话"对其围堵打压，甚至发动战争；其意图，就是凭借所谓抽象的"普遍性"而获取其特殊利益。

"普世价值"实质上是资产阶级的意识形态，是为西方中心论服务的。其实质，就是打着"普遍性"的旗号获取其"特殊性"，用

"普世"价值掩盖其价值"观"的本质。

中国式现代化倡导"和平、发展、公平、正义、民主、自由"的全人类的共同价值。全人类共同价值的提出，有其深厚的时代背景和依据。一是就世界而言，是全球化的深入发展。在全球化、信息化高度发展的今天，各个国家之间形成了"你中有我、我中有你"的不可分割的生存与发展格局，人类命运已经不可抗拒地交织在一起。虽然各个国家在道路、制度、理论和文化等方面存在差异，但是，合作、共赢、互利、互惠已成为大多数国家对外交往的目标与追求。二是就国内来说，中国特色社会主义进入新时代，中国站在了实现"强起来"新的历史起点上。党的十八大以来，以习近平同志为核心的党中央勇立时代潮头，清醒认识党情、世情、国情，深刻把握世界发展趋势，明确提出中国共产党是为中国人民谋幸福的政党，也是为人类进步事业而奋斗的政党。

全人类共同价值的哲学基础，是人类社会而不是市民社会。市民社会强调的是个体、个人及其物质利益，人类社会则强调的是类。全人类共同价值，是人类社会处理人与自然、人与社会、人与人、人与自我等关系的共同价值准则，也是人类共同努力的方向。

全人类共同价值是关系概念，是在当今全球化不断深入发展的时代，各国在处理国内外，尤其是处理国家与国家之间关系时所应遵循的根本价值观念。全人类共同价值在中国对外关系、国家与国家之间关系上，体现在中国共产党不仅是为中国人民谋幸福的政党，也是为人类进步事业而奋斗的政党。其实，这也是中国共产党作为马克思主义政党必然具有的品质。为人类谋进步，是中国共产党及其领导下的中华民族的伟大志向,为世界和平与发展、为人类进步事业提供了中国经验和中国方案,贡献了中国智慧和中国力量,它不但是中国共产党伟大使命与责任担当的鲜明彰显,也是全人类共同价值的重要体现。

全人类共同价值作为一种价值理念,区别且高于西方的"普世价值"。第一是哲学根基不同。"普世价值"的哲学根基是"主客对立""你输我赢",全人类共同价值的哲学根基则是"主主平等""普惠共赢"。第二是思维方式不同。"普世价值"是一种"主客对立"的思维方式,全人类共同价值则是一种主体际的思维方式,它强调"主主平等"。即这种思维方式在把自己当作"主体"的同时,也把对方和他者当作"主体",强调"主体"间是平等的,双方在坚持自己主体性的同时,也应当彼此尊重,寻求合作共赢的基础。因而,全人类共同价值是一种注重平等、强调对话、尊重"人"权的价值理念,是一种真正的"主体间性"思维方式。第三是理论实质不同。"普世价值"实质上是资产阶级意识形态,是为西方中心论服务的,而全人类共同价值不否认文明差异和道路多样,它是中国人民甚至是世界各国人民追求发展进步、走向互利共赢与和谐共生的精神支柱。第四是理论基础不同。"普世价值"的理论基础是西方中心论,认为西方文明是人类文明发展的制高点,从而"唯我独尊"、排斥多元,强调其他"落后"国家或民族都应该走西方现代化的发展道路。全人类共同价值的理论基础则是文明互鉴论,认为每个国家或民族都有自己的发展历史,都有自己的独特文明,都有选择适合自己发展的道路或制度的权利和自由,各国之间应该求同存异、优势互补,在相互借鉴中求得共同进步。第五是理论特点不同。"普世价值"具有很强的意识形态性,它虽然在历史上起过一定的积极作用,但后来却被宣扬成甚至自诩为适合全人类的、具有普世性的"永恒"理论。甚至,它还企图垄断国际话语权,强迫其他国家或民族接受其价值观,否定其他文明之价值存在的正当权利,因而"普世价值"带有强烈的独断论和话语霸权倾向。全人类共同价值则以其多样、统一、平等、共同、包容、互鉴等主张而彰显这样的道理:没有离开特殊的普遍,并不存在抽象的适合全人类的永恒价值,一切价值观念都是具体的、历史的,都必有其现实的文化载体,因而,应当在充分尊重特殊性和差异性的基础上寻求"共同"或"普遍",应当客观认识并充分尊重每一种文明样态和价值观念存在的现实与必然。一句话,全人类共同价值更强调价值在实质内容、实现方式和实际效果上的普惠性。第六是认识路线不同。"普世价值"注重用一般规约特殊,把一般作为前提,然后规范特殊,全人类共同价值则注重从特殊到一般,以特殊为前提,从特殊中抽象概括出一般;"普世价值"所讲的普遍是"抽象的普遍",是外在的普遍,只强调共性而否定个性,全人类共同价值也讲普遍,然而讲的是"具体的普遍"。第七是实践导向不同。"普世价值"在实践上导致了西方的霸权主义和强权政治,导致了西方某些强国的殖民主义,导致了西方一些国家的掠夺性扩张行为,给世界许多国家的人民带来了灾难性后果,而全人类共同价值则在实践上形成的是和平共处五项原则,是负责任大国外交,是互利共赢的开放战略,是构建人类命运共同体的伟大构想与实践行动,是共赢普惠。

中国式现代化的本质特征,是全体人民共同富裕的现代化、人与自然和谐共生的现代化、走和平发展道路的现代化,其本质要求,是推动构建人类命运共同体、创造人类文明新形态,体现了全人类共同价值。全人类共同价值区别又高于西方"普世价值",可称之为"全人类共同价值观",是中国式现代化的"价值存在"。

八、人类命运:中国式现代化致力于构建人类命运共同体

针对西方现代化靠殖民掠夺起家,认为扩张霸权天经地义且是行使上帝旨意的"文明开化使命"的逻辑,中国式现代化明确宣示坚定不移走和平发展、合作共赢道路,积极构建人类命运共同体,且将其作为中国式现代化的本质要求之一。这既是摒弃"西方中心论"困局的内在要求,也是走出"西方中心论"框架的必由之路,是中国式现代化的"合作共赢"逻辑,主要回答中国式现代化的"普惠性"问题。

不可否认西方现代化的历史性贡献。在人类社会发展的历史长河中,资产阶级在它的不到一百年的阶级统治中所创造的生产力,比过去一切世代创造的全部生产力总和还要多,还要大。[①] 然而,进入20世纪,整个世界陷入"发展赤字、和平赤字、治理赤字

---

① 参见丰子义:《马克思与人类文明的走向》,《北方论丛》2018年第4期。

和信任赤字"的巨大困局之中。深究其根源,如果说作为"西方中心论"和西方文明哲学根基的"主客对立"是其哲学根源,作为西方文明精神源头的自由主义是其人性根源,那么,作为西方文明行动指南的对外扩张,则是导致世界困局的制度根源。要言之,是西方文明的哲学逻辑、人性逻辑、制度逻辑出了问题。如何寻求世界发展的再生之路？人类进步的取向、世界发展的呼声、国际秩序的重建,呼唤新的现代化理论和新的人类文明形态。

作为中国式现代化本质要求之一的"推动构建人类命运共同体",能为破解人类发展难题、重建世界秩序提供科学理论指导。构建人类命运共同体,一是以利益共同体为首要内容。它倡导和践行正确义利观,致力于破除"社会达尔文主义"的世界秩序法则,积极参与全球治理体系改革和建议,改变不公正不合理的现行国际秩序,注重构建和平共处、均衡发展的新型大国关系,强化维护发展中国家的共同利益。二是以价值共同体为价值追求。倡导和践行和平、发展、公平、正义、民主、自由全人类共同价值,着力打通不同社会形态在制度和价值理念上的隔膜,合理管控意识形态分歧,凝聚价值共识、夯实价值认同。三是以发展共同体为实践路径。倡导和践行共建、共享、共赢,在现代化建设实践上注重以协调与合作的方式共同将全人类"蛋糕"做大,在现代化成果分配上注重以权利平等、机会平等、规则平等的方式,让现代化成果更多更公平惠及各国人民,在现代化思维方式上注重以双赢、多赢、共赢的方式摒弃和超越零和博弈,走出一条在开放中实现共同发展的新路。四是以安全共同体为行动保障。倡导和践行共治、共商、共处,在现代化建设环境上超越和避免"修昔底德陷阱",这是和平发展的题中之义。它通过建立化解矛盾、消弭冲突的机制和手段,努力构建相互尊重、合作共赢的新型伙伴关系。

构建人类命运共同体作为超越西方中心论的世界秩序且重建世界新格局的重大理念,内在蕴含追求多样性、平等性、包容性、普惠性的中华民族现代文明的基本旨趣,展示了中国式现代化的世界愿景。中国古代的"华夏中心论"不可取,西方近代流变至今的"西方中心论"也不符合时代潮流。中国式现代化是中国共产党领导的现代化,作为为中国人民谋幸福、为中华民族谋复兴的中国共产党,也是为人类谋进步、为世界谋大同的党,构建人类命运共同体,是中国共产党初心和使命的生动体现;中国式现代化是社会主义的现代化,科学社会主义主张站在人民、人类的立场上,坚持走全人类自由解放的社会发展道路,构建人类命运共同体是科学社会主义的崇高追求的生动彰显;中国式现代化是从中华大地生长出来的现代化,中华优秀传统文化是中国式现代化的思想源头和精神基因,构建人类命运共同体是中华民族现代文明独特世界观、文明观的生动实践。

构建人类命运共同体站在人类真理和道义制高点上,是化解世界冲突、管控国家分歧的"定海神针",是引导经济全球化走向、构建人类命运共同体的中国方案,它从根本上区别于西方中心论的"文明开化使命",是中国式现代化的"普惠性存在"。

九、世界贡献：中国式现代化为人类实现现代化提供新的选择

西方中心论为给西方现代化所导致的世界困局作辩护，竭力制造并贩卖许多"美丽的神话"，认为西方现代化是为了实现人类的普遍利益。

中国式现代化不仅揭露了西方现代化通过战争、殖民、掠夺等方式实现现代化的"野蛮"基因和逻辑，认为那是一种损人利己、充满血腥罪恶的老路，给广大发展中国家人民带来深重苦难，因而破除了西方中心论这种美丽的神话，而且为人类实现现代化作出了中国贡献。

中国能为世界贡献什么？这是中国的梁漱溟、英国历史学家汤因比之问，也是毛泽东最为关切的一个重大问题。中国的梁漱溟、英国历史学家汤因比曾问，中国以什么贡献给世界？毛泽东同志说，中国应当对人类有较大贡献。《中共中央关于党的百年奋斗重大成就和历史经验的决议》强调：中国特色社会主义新时代是我国不断为人类作出更大贡献的时代。今天我们可以自信地说：新时代中国从实践上为人类实现现代化贡献了中国式现代化这一典型的"中国样本"。

中国式现代化为人类实现现代化提供了新的选择。过去认为，只要搞现代化就必须走西方现代化这条唯一的道路。中国式

现代化在世界上的成功,破除了"自古华山只有一条路"的迷思,使人们看到人类实现现代化是"条条大路通罗马",即通向现代化的道路是多条的,中国式现代化是其中最为重要的一条。

中国式现代化创造了人类文明新形态。近代西方文明曾在世界历史上发挥过积极推动作用,它使民族历史成为世界历史。然而,自从西方把西方文明演变为一元"帝国文明",就蕴含着异化为"野蛮"的基因和逻辑,这种"帝国文明"因哲学根基为"主客对立",从而把整个人类带入了歧途乃至深渊。中国式现代化创造的人类文明新形态,是一种以"主主平等普惠"为哲学根基的"人本文明""民本文明""全要素文明""和合普惠文明",这样的文明为人类实现现代化指明了光明前景。

中国式现代化要使14亿多人口整体迈进现代化社会。它不仅解决了1/5世界总人口的贫困问题,也为世界提供了广阔的市场发展空间,这是对世界的生存性贡献和经济贡献;中国式现代化是实现全体人民共同富裕的现代化,它不仅为发展中国家走向现代化提供新的途径,也为人类实现以人为本的现代化提供了新的选择,这是对世界的道义性贡献和稳定性贡献;中国式现代化是物质文明和精神文明相协调的现代化,它不仅推进整个社会全面协调发展,而且彰显社会主义制度的优越性,这是对世界的发展性贡献和制度性贡献;中国式现代化是人与自然和谐共生的现代化,它不仅能使人们在美丽的环境中工作和生活,而且也保护了人类的生存家园,这是对世界的绿色性贡献和文明性贡献;中国式现代化是走和平发展道路的现代化,不仅有助于维护广大发展中国家人民的生存权利和发展权利,而且有利于维护世界和平,这是对世界的人类性贡献与和平性贡献;中国式现代化还为创新发展21世纪马克思主义奠定了基础、提供了基石,它是创新发展21世纪马克思主义的立足点,这是对世界的理论性贡献。

这些贡献蕴含着包容、利他、平等、统一、和谐、普惠的基因和逻辑,因此,中国式现代化能真正创造人类文明及人类文明新形态。由此,我们一定要讲好中国式现代化为人类实现现代化提供新的选择的叙事和故事。

这可称之为"世界贡献论",区别于西方中心论的"美丽神话论",是中国式现代化的"世界性存在"。

十、哲学根基:中国式现代化倡导"主主平等"的普惠哲学

西方现代化宣称该模式具有"唯一性""普遍性""普适性",它凭依的是西方哲学特别是近代西方哲学"万能理性"或"绝对精神"生长出来的"主客对立"的思维逻辑。中国式现代化针对西方现代化、西方中心论"主客对立"的哲学基础,强调主体发展、平等发展、和谐发展、全面发展、共同发展,凭依的是中华优秀传统文化"天下大同""大同社会"与马克思的"真正的共同体""自由人联合体"生长出来的"主主平等""共建共享"的思维逻辑。因此,中国式现代化的哲学根基,集中体现为矢志追求的"主主平等普惠"。这是中国式现代化的"哲学"逻辑,主要回答中国式现代化

的"哲学根基"问题。

哲学是时代精神的精华。考察西方现代化时代、实践和理论三大逻辑的历史演进可以看出,它注重用"一"的理性思维法则为现实物质世界建构"同质性"的秩序。在世界历史进程和全球版图中,世界现代化的核心理念和实践运动肇始于西方特别是美欧是个不争的事实,现代化成为文明标识和经典话语,也与西方现代化所创造的历史贡献、文明成果密不可分,现代化成为世界潮流乃至各国的首要选择更是不容否认。然而,"先发"并不意味着唯一正确,更不意味着绝对真理;"先天优势"也不代表不需要反思,更不代表人间正道。伴随人类社会走进21世纪,特别是西方现代化模式带来的"西方之乱"与中国式现代化带来"中国之治"的鲜明对比,中国式现代化已经逐渐成为世界现代化体系和格局的新锐力量、新的趋向和新的话语。

基于对人类文明历史演进和现实语境的深刻洞悉,围绕正确理解、系统把握中国现代化的理论形态所蕴含的世界观和方法论,习近平同志强调:"中国式现代化,深深植根于中华优秀传统文化,体现科学社会主义的先进本质,借鉴吸收一切人类优秀文明成果,代表人类文明进步的发展方向,展现了不同于西方现代化模式的新图景,是一种全新的人类文明形态。"[1]这表明,在哲学根基上,中华优秀传统文化特别是中国哲学,可以称之为一种"有机整体主义",它认为宇宙的一切都是相互依存、相互联系的,每一事

---

[1] 《习近平在学习贯彻党的二十大精神研讨班开班式上发表重要讲话强调　正确理解和大力推进中国式现代化》,《人民日报》2023年2月8日。

物都是在与他物的关系中显现其存在和价值,因而,人与自然,人与人,文化与文化之间应当建立起和谐共生关系。在中国式现代化的魂脉层面,科学社会主义的先进本质在于其马克思主义的哲学基础。马克思主义哲学在对西方现代化、西方中心论的"主客对立"哲学根基及其思维逻辑展开深刻批判的同时进行革命性改造,致力于构建"真正的共同体"或"自由人联合体"。其崇高的历史使命和价值追求,就是批判和颠覆理性形而上学而走向唯物主义历史观,批判和破除资本逻辑而走向人本逻辑,促进人在精神和物质上的双重解放,将全人类解放、无产阶级解放和每个人自由而全面发展写在自己的旗帜上。从马克思主义哲学到当代中国马克思主义哲学,都注重为中国现实社会建构一种良性秩序,为其确定作为根基的哲学基础。在中国式现代化的文明层面,西方文明固然对推进人类进步和人类文明产生重大影响、作出历史贡献,但奠基于"西方中心论"理论体系和话语体系之上的西方现代化,必然遵循"主客对立""主统治客"的思维逻辑和行动逻辑,进而它往往以"文明"之名对他者所谓"不文明"的民族或国家堂而皇之地进行殖民扩张,或武装干涉,或颠覆政权。中国式现代化以开放包容的文明心态、共建共享的行动姿态,注重借鉴吸收人类文明一切优秀成果。它在本质要求上,全体人民共同富裕的现代化彰显着"发展成果上的主主平等",应当从权利和制度上保证每个人都能享有发展成果;物质文明和精神文明相协调的现代化意味着二者"发展机会和内容上的主主平等",应当从布局上保证人的身心和谐;人与自然和谐共生的现代化昭示着人与自然在"物质、信息、能量交换上的主主平等",应当从交换上保证人与自然的和谐共生;走和平发展道路的现代化标志着世界各国不论强弱大小,应在"发展权利、机会和规则上的主主平等",应当从规则上保证每个国家和民族都享有发展主权和机会。

哲学根基或哲学范式不同,不仅决定了现代化的理论形态和理论体系的本质差别,也决定了两种现代化模式的现实运动、实践道路及其历史命运之别。"主主平等普惠"之哲学范式,既反映了中国特色社会主义发展的历史逻辑,又体现了中国式现代化注重主体性、平等性、普惠性的现实逻辑,还彰显了习近平新时代中国特色社会主义思想的理论逻辑,这一理论逻辑之哲学根基,就是系统为基的"主主平等普惠"之哲学范式。

这可称之为"哲学根基论",区别又高于西方中心论的"主客对立论",是中国式现代化的"哲学存在"。

总之,上述所阐述的"本质特征""文明形态""民族特质""为他人性""社会治理""人民标准""共同价值""人类命运""世界贡献""哲学根基"十大要素,是一个环环相扣、步步深入、逻辑严密的系统整体。它不仅系统建构起了中国式现代化的理论形态,而且彰显了既区别于又超越西方现代化及其西方中心论的显著优势。马克思指出:"当我们把目光从资产阶级文明的故乡转向殖民地的时候,资产阶级文明的极端伪善和它的野蛮本性就赤裸裸地呈现在我们面前,它在故乡还装出一副体面的样子,而在殖民地它就丝毫不加掩饰了。"①中国式现代化及其理论形态,不仅彰显出既区别于又超越西方现代化、西方中心论的显著优势,而且还以思想的力量,在实践上引领中国式现代化发展,为人类实现现代化提供新的选择,在思想理论建设上进一步巩固我国的文化主体性。

---

① 《马克思恩格斯选集》第一卷,人民出版社2012年版,第861—862页。

第三章

中国式现代化的文化形态及其根本旨向

习近平文化思想是习近平新时代中国特色社会主义思想的重要组成部分,是中国式现代化的文化形态。习近平文化思想坚持马克思主义基本原理,植根于中华优秀传统文化,形成于新时代中国特色社会主义文化建设伟大实践之中,代表了马克思主义中国化时代化在文化思想领域的最新成果,开辟了马克思主义文化理论发展的新境界。对习近平文化思想,既可以"条条思维"进行研究,厘清习近平文化思想有哪些基本观点,也可以"魂脉思维"展开探究,从哲学维度深入挖掘习近平文化思想的核心话语和根本旨向。习近平文化思想内涵丰富、博大精深、论述深刻,从哲学维度看,其核心话语、根本旨向可以提炼概括为:丰富人民精神世界与为中国人民谋幸福;"魂脉根脉"相结合与为马克思主义谋发展;新的文化生命体、新的文化使命、中华民族文化主体性与为中华民族谋复兴;中国式现代化的文化形态与为世界谋大同;巩固党掌握文化的领导权与为中国共产党谋强大。

一、丰富人民精神世界与为中国人民谋幸福

中国共产党因民而生、为民而兴,人民性是马克思主义的本质属性。坚持以人民为中心,丰富人民精神世界,增强人民精神力量,实现全体人民精神生活共同富裕,是唯物史观在习近平文化思想中的具体体现,在根本上体现了习近平文化思想的主体性和价值观向度,其理论旨趣和根本目的就是"为中国人民谋幸福"。推

动文化繁荣、建设文化强国与丰富人民精神世界、增强人民精神力量、实现全体人民精神生活共同富裕本质相关,其根本旨向就是"为中国人民谋幸福"。

(一)坚持人民至上是习近平文化思想的根本立场

马克思主义唯物史观强调,实践构成全部社会生活的本质,人民是历史实践的主体。马克思、恩格斯在《神圣家族》中提出了实践之于历史的本体论意义,而历史即实践史也是文化史,能够自觉主动追求自己的目的的人只能是唯物史观视域中的人民。人民群众处于社会变革的主体地位,在创造和改造各类社会关系的同时,也创造了社会生活本身。人民不仅创造了灿烂的物质文明和精神文明,而且对政治文明也具有决定性力量。作为马克思主义执政党,我们党始终把坚持人民至上作为鲜明的文化实践导向。习近平同志指出:"民为邦本、为政以德的治理思想与人民至上的政治观念相融。"[1]因此,文化的建设和发展必须紧紧依靠人民群众。

中华优秀传统文化自古以来高度重视人民的主体地位,强调"民为邦本"的治国理念,并不断发展,代代相传。孟子提出"民为贵,社稷次之,君为轻"的重要思想,强调人民在国家中的核心地位。荀子提出"君者舟也,庶人者水也。水则载舟,水则覆舟",这一论述形象地说明了人民对于国家和君主的重要性。荀子提出"政之所兴在顺民心,政之所废在逆民心",旨在强调顺民心能够增强百姓对政权的认同感和归属感,进而形成强大的凝聚力和向

---

[1] 习近平:《在文化传承座谈会上的讲话》,《求是》2023年第17期。

心力。

习近平文化思想坚持把马克思主义基本原理同中华优秀传统文化相结合,使坚持人民至上的根本立场熔铸于党领导文化建设的具体实践中。党的十八大以来,我国文化建设迈出了历史性的步伐,在这个过程中也遇到一系列新情况新问题。正是基于这种认识,我们党坚持人民至上,深刻洞察新时代背景下文化建设面临的时代课题,创造性地提出了一系列科学的应对策略。习近平同志指出:"同社会效益相比,经济效益是第二位的,当两个效益、两种价值发生矛盾时,经济效益要服从社会效益,市场价值要服从社会价值。"[①]习近平文化思想是新时代文化建设实践经验的思想升华,进一步明确了文艺要为人民和社会主义服务的"二为"方向。新时代丰富人民精神世界、增强人民精神力量、实现全体人民精神生活共同富裕的中国具体实际,内在要求把马克思主义基本原理同中华优秀传统文化相结合,并在文化建设中坚持人民至上的根本立场。此可谓为习近平文化思想的逻辑起点和出发点。

(二)丰富人民精神世界是习近平文化思想的价值追求

习近平文化思想强调,文化建设必须以"满足人民日益增长的精神文化需求"[②]为目的。满足人民日益增长的精神文化需求,在新时代体现为外延上丰富人民精神世界,内涵上增强人民精神力量,目的就是为中国人民谋幸福,实现全体人民精神生活共同富裕。

[①] 《十八大以来重要文献选编(中)》,中央文献出版社2016年版,第132页。
[②] 《习近平著作选读》第一卷,北京:人民出版社2023年版,第289页。

第一,习近平文化思想始终坚持以马克思主义为指导,引领精神生产发展。马克思主义的科学性内在要求推动新时代文化实践产生经济效益、政治效益和社会效益;马克思主义的价值性保证新时代文化实践符合人民根本利益,促进中国式现代化蓬勃发展。习近平文化思想始终坚守马克思主义的"魂脉",以筑牢人民在精神生活领域的理想信念和价值观念。

第二,习近平文化思想大力弘扬和践行社会主义核心价值观,凸显其在丰富人民精神世界方面的显著优势。随着时代发展,人民日益增长的美好生活需要变得更加多元,不仅追求高质量的物质生活,而且追求高品质的精神文化生活,对民主、法治、公平、正义、安全和环境等各方面也提出了更高要求。社会主义核心价值观夯实了体现中国力量的思想基石,同时也是中国特色社会主义理论体系在新时代背景下的高度凝练。在日常生活中积极倡导并践行社会主义核心价值观,是推动物质文明和精神文明协调发展的关键力量。

第三,习近平文化思想坚持以人民为中心的创作导向,立足于用优秀文化成果惠及人民、振奋人心。中华民族在历史发展过程中留下了独树一帜的中华美学精神,并据此创作了一系列契合人民审美的作品。党的十八大以来,中国共产党植根于中华优秀传统文化的智慧与情怀,围绕新时代文化建设的使命任务,正本清源、守正创新,坚定不移地推进文化繁荣、建设文化强国。新时代以来,我国精神文化产品的供给质量实现了质的飞跃,不仅满足了人民日益增长的精神文化需求,而且以高效能的方式引领人民精神生活外延拓展、内涵升华与实践深化。

第四，习近平文化思想十分注重人民精神世界建设，使广大人民群众更加坚定文化自信。新时代以来，我们党在全社会唱响主旋律、弘扬正能量，反对各种错误思潮，用党的创新理论教育人民，用做好意识形态工作为民族立魂，用先进文化培根铸魂，用思想政治教育立德树人，用理想信念教育净化人民心灵，用优秀精神文化作品为人民提供更多更好的精神食粮，用营造清朗的网络空间建设人民的精神生态，用深化群众性精神文明创建推动文化繁荣，用社会主义文化强国精神振奋民族精神、凝聚民族力量，巩固全国各族人民团结奋斗的共同思想基础，凝聚全国各族人民的力量。

（三）为中国人民谋幸福是习近平文化思想的初心

习近平文化思想充分彰显坚持人民至上的世界观和方法论，对新时代扎实推进人民精神生活高品质发展从而使人民过上幸福美好生活具有重要价值意蕴。习近平同志多次就社会主义文化强国建设为了谁、依靠谁、由谁评判等重大问题作出回答，且直接指向为中国人民谋幸福的初心。

新时代社会主义文化强国建设要为了人民。人民对美好生活的向往，就是我们的奋斗目标。为中国人民谋幸福，首要就是实现人民对美好生活的向往。针对文化建设为了谁的问题，中国共产党自成立以来，始终坚持马克思主义的人民性，坚持一切为了人民，把为中国人民谋幸福确立为自己的初心。新时代以来，习近平同志高度重视人民物质生活需要和精神生活需要的满足，特别强调丰富人民精神世界、增强人民精神力量，"促进人民精神生活共同富裕"①,创新发展了唯物史观的人民目的理论。习近平文化思想表征着为中国人民谋幸福的初心,彰显着对人民的厚爱之情。

新时代社会主义文化强国建设要依靠人民。针对文化建设依靠谁的问题,习近平文化思想继承发展了马克思主义的人民性,坚持人民是精神财富的创造者,是创作的源头活水,是建设社会主义文化强国的坚实基石。习近平同志指出:"文学艺术的成长离不开人民的滋养,人民中有着一切文学艺术取之不尽、用之不竭的丰沛源泉。"②他又强调:"广大文艺工作者要坚持以人民为中心的创作导向,把人民放在心中最高位置。"③在党的引领下,大批文艺工作者深入民间,与广大人民群众建立起深厚联系,真正通过文化创作和宣传来为中国人民谋幸福。

新时代社会主义文化强国建设的成效要由人民评价。针对文化建设由谁评判的问题,习近平文化思想强调,坚持人民评判是坚持人民至上的应有之义。习近平同志指出:"衡量文化产业发展质量和水平,最重要的不是看经济效益,而是看能不能提供更多既能满足人民文化需求、又能增强人民精神力量的文化产品。"④人民的满意度是衡量文化强国建设成效的重要标尺,它不仅深刻体现了当代中国共产党人在文化强国建设领域所秉持的核心价值取向,而且精准对接了满足人民群众日益增长的精神文化需要这一时代课题的最终指向,为文化强国建设指明了方向与目标。

---

① 《习近平著作选读》第二卷,人民出版社2023年版,第505页。
② 习近平:《在中国文联十一大、中国作协十大开幕式上的讲话》,人民出版社2021年版,第8页。
③ 习近平:《在中国文联十一大、中国作协十大开幕式上的讲话》,人民出版社2021年版,第7页。
④ 《习近平谈治国理政》第四卷,外文出版社2022年版,第311页。

二、"魂脉根脉"相结合与为马克思主义谋发展

马克思主义是我们立党立国、兴党兴国的根本指导思想,是我们党历经百年沧桑奋斗得出的颠扑不破的真理。党百年来之所以能取得巨大成就,根本在于掌握了马克思主义科学理论,在于将这一理论与实际相结合。习近平同志强调:"我们决不能抛弃马克思主义这个魂脉,决不能抛弃中华优秀传统文化这个根脉。"①"魂脉"和"根脉"相结合是习近平文化思想的生长点、发展源,是马克思主义中国化时代化的必由之路,也是创新发展马克思主义的基本规律和根本路径,它的根本旨向就是"为马克思主义谋发展"。

(一)新时代中国具体实际充分彰显中华优秀传统文化的时代价值和世界意义

"一定的文化是一定社会的政治和经济在观念形态上的反映。"②中华优秀传统文化作为中华民族政治和经济发展的综合反映,既是承继以往的智慧结晶,更是固本开新的现实依据。中华优秀传统文化在新时代何以成为滋养马克思主义和丰富人民精神世界的优渥土壤?因为新时代中国的具体实际充分彰显其时代价值和世界意义。

新时代强国建设、民族复兴,是新时代中国具体实际的第一个

---

① 习近平:《开辟马克思主义中国化时代化新境界》,《求是》2023年第20期。
② 《毛泽东选集》第二卷,人民出版社1991年版,第694页。

内涵,它内在要求传承弘扬中华优秀传统文化的时代价值。强国建设、民族复兴是全方位的,是一个系统整体,包括文化强国建设、文化复兴。文化强则国家强,文化兴则民族兴,文化关乎国本、文化关乎国运。强国建设、民族复兴要求传承弘扬中华优秀传统文化,要求在创造性转化和创新性发展双轮驱动下,赋予中华优秀传统文化以崭新的时代内涵,实现传统文化遗产与现代社会无缝对接,使其成为支撑强国建设、民族复兴的文化基石。同时,强国建设、民族复兴内在要求补齐"精神懈怠"短板,坚持物质文明和精神文明协调发展。

丰富人民精神世界、增强人民精神力量,是新时代中国具体实际的第二个内涵,它内在要求传承弘扬中华优秀传统文化所蕴含的"仁义礼智信温良恭俭让""修齐治平"等伦理道德原则,以致力于建构出中国人民精神世界的秩序。

和平发展、合作共赢,是新时代中国具体实际的第三个内涵,它内在要求传承弘扬中华优秀传统文化中"协和万邦、兼济天下、世界大同、亲仁善邻、美美与共"的精髓,为"和平发展、合作共赢"提供了有力的文化支撑和文化根基。

(二)"魂脉根脉"相结合与相互成就

回顾中国共产党波澜壮阔的百余年奋斗历程,从历时性和共时性来看,"魂脉"和"根脉"在各历史阶段高度契合,相互成就。无疑,经由"魂脉"和"根脉"有机结合,"魂脉"更加鲜活,成为中国的;"根脉"更有生机,成为现代的。

马克思主义基本原理始终发挥着"魂脉"的引领作用。习近平同志指出,中国共产党人一直强调把马克思主义基本原理同中国具体实际相结合。这里的"一直",就是中国共产党百余年奋斗历史。自中国共产党成立以来,中国共产党人始终把马克思主义作为党的指导思想,作为党理论武装和行动指南的核心。马克思主义以其科学世界观和方法论,为中国共产党指明了前进方向。在新民主主义革命时期,毛泽东同志明确注重"第一个结合",创造性地提出了"农村包围城市,武装夺取政权"的革命道路,成功指导中国革命走向胜利。改革开放以来,中国特色社会主义理论体系、习近平新时代中国特色社会主义思想等,都是在马克思主义指导下,结合新的中国具体实际创立的理论成果,推动中国特色社会主义事业不断向前发展。

中华优秀传统文化充分彰显其"根脉"的滋养作用。现在我们又明确指出"第二个结合",这里的"现在"是关键词,指中国特色社会主义新时代。新时代的中国具体实际,把中华优秀传统文化的时代价值和世界意义充分彰显出来。它蕴含的"大同"理想、"和合"理念、"民本"思想等,与马克思主义追求的人类解放、公平正义、人民主体等价值理念高度契合,为推进马克思主义中国化时代化进而开辟马克思主义中国化时代化新境界,提供了丰富的文化土壤和思想资源。

"魂脉"与"根脉"相互结合、相互成就意义重大。中国共产党在百年征程中,坚持"魂脉"同"根脉"相结合,实现了理论创新和文化传承的双重飞跃。一方面,马克思主义为中国革命、建设和改革提供了科学理论指导,使党能够准确把握历史规律,制定符合中国国情的路线方针政策,取得了举世瞩目的成就;另一方面,中华优秀传统文化的精髓为马克思主义中国化时代化提供了深厚的文化底蕴,使马克思主义更加贴近中国实际、更加深入人心,增强了其生命力和影响力。"魂脉"与"根脉"在党的百年奋斗历程中相得益彰,共同引领着中国从站起来、富起来到强起来的伟大飞跃,书写了马克思主义发展史上的壮丽史诗。面向未来,"魂脉"与"根脉"紧密结合,也将继续为中国共产党领导人民实现第二个百年奋斗目标、全面建设社会主义现代化国家提供不竭的动力和智慧,也必将为发展马克思主义尤其是21世纪马克思主义提供路径和方式。

(三)"第二个结合"是创新发展马克思主义的基本规律和根本途径

恩格斯指出:"我们的理论是发展着的理论,而不是必须背得烂熟并机械地加以重复的教条。"[①]新时代,中国共产党人在领导中国人民实现民族复兴征程上,得出必须把马克思主义基本原理同中华优秀传统文化相结合的重要结论。"第二个结合"是习近平文化思想的生长点和发展源。习近平同志在文化传承发展座谈会上的讲话强调:"'第二个结合',是我们党对马克思主义中国化时代化历史经验的深刻总结,是对中华文明发展规律的深刻把握,表明我们党对中国道路、理论、制度的认识达到了新高度,表明我们党的历史自信、文化自信达到了新高度,表明我们党在传承中华

---

① 《马克思恩格斯选集》第四卷,人民出版社2012年版,第681页。

优秀传统文化中推进文化创新的自觉性达到了新高度。"①可见，"第二个结合"是创新发展马克思主义的根本途径。"魂脉"与"根脉"关系，印证了可以从中华优秀传统文化中找到马克思主义创新发展和发挥作用的生长点，也内蕴着通过对中华优秀传统文化的创造性转化和创新性发展，进而实现马克思主义创新发展的方法论，还可以找到激活中华优秀传统文化中富有生命力的优秀因子并赋予新的时代内涵。②

任何文化形态都不可能是完美无缺的，它往往与特定历史条件、社会结构紧密相连。在新时代发掘中华优秀传统文化的优秀因子，关键要以马克思主义的立场观点方法对其进行"扬弃"，辩证继承其中的积极成果。片面夸大中华传统文化的作用，只能走向文化复古主义；贬斥中华优秀传统文化，只能走向文化虚无主义。近代以来的历史和实践已经并将继续证明，对中华传统文化愚昧式的守旧无益于强国复兴，无异于开文明倒车。

坚持"第二个结合"，要注意克服文化语境的"视差"。毋庸置疑，马克思主义是人类文明的优秀成果，但其毕竟诞生于西欧工业文明的历史文化语境，在存在形式上与脱胎于农业文明的中华传统文化呈现出较大差异性。这就要求在推进"第二个结合"的过程中不断进行话语创新，"脱掉"马克思主义的西方"异质成分"外衣，创造出具有中国特色的理论表达，推进马克思主义基本原理同中华优秀传统文化在更深层次、更加普遍的精神价值层面的融合，

---

① 习近平：《在文化传承发展座谈会上的讲话》，《求是》2023年第17期。
② 参见韩庆祥：《"两个结合"的内涵及其结合点与结合方式》，《江汉论坛》2024年第6期。

真正"让马克思主义成为中国的,中华优秀传统文化成为现代的,让经由'结合'而形成的新文化成为中国式现代化的文化形态"①。

"第二个结合"既是又一次的思想解放,也造就了新的文化生命体。它不仅塑造了一种新的马克思主义文化观和文明观,而且丰富和发展了马克思主义文化、文明理论。它以"新的文化生命体"为"体",在文化层面深刻回答了中国特色社会主义"特"在哪里,为马克思主义"中国化"和"化中国",为破解"古今中西之争",具有重大理论作用,为在中国且扎根于中国创新发展马克思主义奠定了方法论基础,也提供了实践路径。其旨向,就是为马克思主义谋发展。

三、新的文化生命体、新时代文化使命、中华民族文化主体性与为中华民族谋复兴

"魂脉"同"根脉"相结合造就了一个有机统一的新的文化生命体,这个新的文化生命体主要指的是中国式现代化的文化形态。新的文化生命体,是习近平文化思想中最具标识性的核心范畴,是习近平文化思想的基石。它以"明体达用",破解了"西体中用"和"中体西用",破解了"古今中西之争",巩固和高扬了中华民族的文化主体性。其根本旨向,就是从文化上"为中华民族谋复兴"。

---

① 习近平:《在文化传承发展座谈会上的讲话》,《求是》2023年第17期。

（一）新的文化生命体

"'结合'不是'拼盘',不是简单的'物理反应',而是深刻的'化学反应',造就了一个有机统一的新的文化生命体。"[①]"新的文化生命体"作为习近平文化思想的一种"思想芯片"和本体基石,建立在"两个结合"之上,立足于新时代中国式现代化的具体实际,它的提出是历史发展、时代发展和实践发展的必然要求。其一,"新的文化生命体"以马克思主义科学世界观和方法论为哲学根基,确保发展方向上的科学性和先进性,为文化建设和发展提供了科学的理论框架与方法原则。其二,"新的文化生命体"深挖中华优秀传统文化的丰富思想资源,将中华优秀传统文化中的宇宙观、天下观、道德观等融入现代生活各个方面,使得历史悠久的文化血脉在新时代焕发出新的生命力。其三,"新的文化生命体"秉持开放包容理念,积极借鉴世界各国一切文明优秀成果,不论是东方的和合和谐理念,还是西方的理性批判精神,均被视为宝贵资源纳入自身的文化体系中。其四,"新的文化生命体"紧密结合新时代中国式现代化的具体实际与内在要求,从中国式现代化的实践经验中提取鲜活的文化素材与创新灵感,建构起中国式现代化的文化形态,创立了习近平文化思想。其五,"新的文化生命体"以"新的文化生命"为生命"体",注重明体达用,超越了"西体中用"和"中体西用",破解了"古今中西之争"。

"新的文化生命体"以其独特的内涵和形态,构成中华民族谋

---

① 习近平:《在文化传承发展座谈会上的讲话》,《求是》2023年第17期。

复兴的重要力量。习近平同志强调:"没有中华文化繁荣兴盛,就没有中华民族伟大复兴。"①这一思想蕴含着新的文化生命体对实现中华民族伟大复兴的重要意义。第一,"新的文化生命体"为中华民族构筑坚实的历史自信。它在深入挖掘和传承中华优秀传统文化之精髓的同时,积极吸收和借鉴世界文明中一切优秀成果,不仅让广大人民群众深刻理解中华文化的辉煌成就与独特魅力,而且激发了主动作为、勇于开拓的历史主动精神,为实现中华民族伟大复兴注入了不竭的精神动力。第二,"新的文化生命体"在强化国家统一、民族团结方面发挥着核心作用。它以其包容性和创新性,通过构建共同的文化记忆与价值认同,把多元一体的中华民族紧密联结,为国家的长治久安与繁荣发展奠定了坚实的思想基础。第三,"新的文化生命体"有助于推动国家软实力的增强,提升国家形象。国家的强大不仅体现在经济实力、科技实力和军事实力上,更体现在其文化影响力和国际竞争力上。"新的文化生命体"新概念新范畴的提出,吸引了国际社会的广泛关注与高度评价,提升了中国文化的国际影响力和感召力,不仅展示了中华民族的精神风貌和文化软实力,而且为提升国家形象、构建人类命运共同体贡献了中国力量。

(二)新时代文化使命

新时代文化使命彰显的是文化强国建设的目标任务和责任担当,引领着文化强国建设的方向,同时也肩负着实现中华民族伟大

---

① 习近平:《在文艺工作座谈会上的讲话》,《求是》2024年第20期。

复兴的崇高使命。在新时代新的文化使命中,"推动文化繁荣、建设文化强国"已经在党的十八大之前的重要文献中提出,而所涉及的建设新时代中华文明,则是在新时代中国式现代化伟大实践中应运而生,它指明了文化强国建设演进层面的未来发展趋向。这一思想演进,从事业进步的内在需求,到国家建设的战略目标,最终触及文明创造的前沿导向,展现了一条逻辑严密、层次分明的认知轨迹。其实质目的,就是为中华民族谋复兴。

新时代新的文化使命,形成了强国话语表达的新语境。中华民族迎来了从"站起来""富起来"到"强起来"的伟大飞跃。这一历程展现出清晰的层次性与递进性,与之相伴的是历史叙事中话语表达形式的多元演进。"站起来",意味着中华民族、中国人民彻底推翻了"三座大山",实现了民族独立、人民解放,宣告了屈辱时代的终结。"富起来",是中华民族、中国人民跨越了贫困和落后的沟壑,实现了物质条件的显著改善,中国创造经济快速发展奇迹的同时在国际舞台上扮演愈发重要的角色。"强起来",是中华民族、中国人民不懈奋斗的成果,彰显了中华民族、中国人民正以伟大复兴而昂首阔步于世界民族之林。"强起来"的实质,就是为中华民族谋复兴。

新时代新的文化使命,为实现中华民族伟大复兴注入了新的驱动力。中国共产党致力于以中国式现代化全面推进中华民族伟大复兴,新的文化使命提出了与之相契合的根本要求。习近平同志指出:"中国式现代化既要物质财富极大丰富,也要精神财富极大丰富、在思想文化上自信自强。"①"我们党坚持和发展中国特色社会主义文化,激发全民族文化创新创造活力,为中国式现代化提供强大精神力量。"②新时代新的文化使命与中国共产党在新征程中的使命任务紧密相连,共同致力于拓展中国式现代化的广度和深度,进而为建设新时代中华文明提供更为宽阔的场域空间。

(三) 中华民族的文化主体性

造就一个新的文化生命体,建设新时代中华文明,其落脚点就是巩固中华民族的文化主体性,进而全面推进中华民族的伟大复兴。

传承弘扬中华优秀传统文化,是当代中国语境中巩固中华民族的文化主体性的第一种内涵。"人们自己创造自己的历史,但是他们并不是随心所欲地创造,并不是在他们自己选定的条件下创造,而是在直接碰到的、既定的、从过去承继下来的条件下创造。"③在历史活动中,影响着个人最持续、最深刻的条件,莫过于生于斯、长于斯的文化。在世界范围内能够凸显出"当代中国"特殊内涵的是"历史中国",其精髓凝聚于中华优秀传统文化之中。作为"当代中国"主体性的深层根基,中华优秀传统文化体现了中华民族文化主体性的根脉指向,为实现中华民族伟大复兴提供了文化支撑。

社会主义文化,是当代中国语境中巩固中华民族的文化主体

---

① 习近平:《中国式现代化是强国建设、民族复兴的康庄大道》,《求是》2023年第16期。
② 习近平:《中国式现代化是中国共产党领导的社会主义现代化》,《求是》2023年第11期。
③ 《马克思恩格斯文集》第二卷,人民出版社2009年版,第470—471页。

性的第二种内涵。社会主义文化使当代中国区别于世界其他国家和民族的文化。从现实维度考量,中国坚定不移地走社会主义道路,确保了国家政权的社会主义性质,党的领导和社会主义生产方式共同塑造了当代中国以社会主义文化为主导的文化格局。自中国共产党诞生以来,中国的革命、建设和改革实践早已将社会主义文化融入中华民族的血脉之中。中国式现代化正引领全面推进中华民族伟大复兴与人类文明新形态的开创进程,中华文化在"走出去"的过程中,需要以社会主义文化的鲜明旗帜展现独特的价值追求和文化魅力。

立足中国式现代化,造就新的文化生命体,构建中国式现代化的文化形态和发展新时代中华文明,进而建构中国自主的知识体系,创新发展21世纪马克思主义,是当代中国语境中巩固中华民族的文化主体性的第三种内涵。从中国式现代化到巩固中华民族的文化主体性,其间在逻辑上具有诸多环节,而造就新的文化生命体、构建中国式现代化的文化形态和发展新时代中华文明,进而建构中国自主的知识体系、创新发展21世纪马克思主义,则是其中环环相扣、步步深入的核心和根本环节,这些环节最终都指向巩固中华民族的文化主体性,指向为中华民族谋复兴。因为只有使中华民族具有文化主体性,才能真正实现中华民族伟大复兴。

习近平同志指出:"任何文化要立得住、行得远,要有引领力、凝聚力、塑造力、辐射力,就必须有自己的主体性。"[①]巩固中华民

[①] 习近平:《在文化传承发展座谈会上的讲话》,《求是》2023年第17期。

族的文化主体性植根于"新的文化生命体"的孕育与实践,它不仅是中华文明自我认同与自立自强的核心支柱,而且深刻地指引我们在文化强国建设与发展路径上坚持独立自主原则。这一本质属性,成为中华民族能够在历史长河中既坚守正道又不拘泥于陈规、在尊重传统的同时又勇于革新的精神源泉。正是这种文化主体性,赋予中华民族敢于直面新挑战、拥抱新事物的无畏与开放姿态,确保了文明之树不断焕发新生。概言之,中华民族的文化主体性不仅守护着中华文化的独特性与连续性,还激发了其在新时代条件下的创新活力与适应能力,是新时代推动中华文明走向世界的内在动力。

四、中国式现代化的文化形态与为世界谋大同

在实现中华民族伟大复兴宏伟征程中,立足中国式现代化,"第二个结合"造就了新的文化生命体——中国式现代化的文化形态。中国式现代化的文化形态既是对中华优秀传统文化、一切人类文明优秀成果的传承发展,也是构建人类命运共同体、创造人类文明新形态的基石。中国式现代化的文化形态具有世界意义,它本质上是和平发展、合作共赢、包容普惠的文化,区别于损人利己、殖民掠夺、导致整个世界陷入对立冲突暴力战争的西方文化,是超越西方文明的人类文明新形态,其旨向就是"为世界谋大同"。

（一）弘扬中华优秀传统文化

文化上的"古今中西之争"，是中国近代以来各历史时期文化之争的焦点，也是必答题。破解"古今之争"，既要求我们做到"不复古""不守旧"，致力于在现代社会的语境下，对中华优秀传统文化实行创造性转化和创新性发展；也要求我们"尊古""守正"，解构"西方中心论"的理论体系和话语体系。"今天的中国是历史的中国的一个发展。"[1]坚守好中华优秀传统文化这个"根脉"应坚持古为今用，守正创新。对此，毛泽东指出："从孔夫子到孙中山，我们应当给以总结，承继这一份珍贵的遗产。"[2]

习近平同志多次在讲话中强调对中华优秀传统文化进行创造性转化和创新性发展，希望以此弘扬和发展中华优秀传统文化。至于如何实现对中华优秀传统文化的创造性转化和创新性发展，习近平同志亦有明确指示，强调需运用马克思主义的立场观点方法，深入挖掘并阐释中华优秀传统文化的时代价值。在此过程中，应确保马克思主义的指导地位与中华民族文化主体性的和谐统一，从而为中华优秀传统文化的创新发展提供方向指引。中华文明的卓越之处，在于其恒久不息的创新精神，促进其在历史长河中不断前行、生生不息。正如冯友兰所言："盖并世列强，虽新而不古；希腊罗马，有古而无今。惟我国家，亘古亘今，亦新亦旧，斯所谓'周虽旧邦，其命维新'者也。"[3]中华民族"旧邦新命"的历史文

---

[1] 《毛泽东选集》第二卷，人民出版社1991年版，第534页。
[2] 《毛泽东选集》第二卷，人民出版社1991年版，第534页。
[3] 冯友兰：《三松堂全集》第14卷，河南人民出版社2001年版，第154页。

化传统,持续激发新时代中国人民满怀信心地投身于对中华优秀传统文化的创造性转化和创新性发展之中。

在中华优秀传统文化中包含大量"协和万邦、兼济天下、美美与共、世界大同"等内容,充分展现了中华文明的包容性和世界性,彰显其为世界谋大同的新时代价值和世界意义。曾子曰:"夫子之道,忠恕而已矣。"忠恕宽容不是没有原则的,它包含两层含义:一是"己所不欲,勿施于人",二是"己欲立而立人,己欲达而达人",也就是在带动他人一起实现理想时达到"各美其美,美美与共"。孔子提出了"恭宽信敏惠"五种品德——"恭则不侮,宽则得众,信则人任焉,敏则有功,惠则足以使人"。这些体现包容性的立己达人的优秀传统文化思想与中国共产党"为人民谋幸福、为民族谋复兴、为世界谋大同"的追求和理想相契合,与"和平、发展、公平、正义、民主、自由"的全人类共同价值相呼应,在新时代中国式现代化的新实践中焕发出新的生机与活力。

(二)解构西方中心论

"西方中心论"的本质就是资本主义中心论,它只能生成于西方资本型文化、物质主义膨胀的单向度文化、殖民扩张式文化,其实质就是导致世界的对立、冲突、暴力、战争,背离为世界谋大同的方向。在马克思的视域中,资本主义社会的运行逻辑是以资本为本位而非以人为本位。马克思深度剖析以资本主义文化为代表的私有制文化,强调"要同传统的观念实行最彻底的决裂"[1]。"西方

---

[1] 《马克思恩格斯文集》第二卷,人民出版社2009年版,第52页。

中心论"潜藏三重逻辑,暗藏着对立、冲突、暴力、战争的深刻危机。其一,生物进化论观念被不恰当地延伸、扩展至社会领域,产生了社会达尔文主义——人种优越论,即认为白种人优于其他人种。其二,基于对文明多样性的曲解,形成了文明优越论,即把欧罗巴文明置于其他文明之上。其三,通过强制推广自身的价值观念与制度模型,形成了制度优越论,将西方资本主义制度的特定价值标榜为"普世价值"。

"两个结合"旨在从哲学维度、历史维度、关系维度、空间维度四重维度,解构"西方中心论"的理论体系和话语体系,走出并超越"东方从属于西方"的框架,继而建构基于中国具体实际、内蕴中华优秀传统文化的中国式现代化的文化形态和发展新时代文明,从而为创造人类文明新形态、为世界谋大同作出中国贡献。[1]

从哲学维度讲,马克思主义是"两个结合"的理论基础。文化和文明是社会生产方式在思想文化和意识形态上的显现。资本主义文化自身存在生产力和生产关系这一不可调和的矛盾,这就决定了其文化中标榜的"正义"为"非正义性质",暗含了其必将走向野蛮和末路的结局。新时代中华文明属于本源性的人类文明新形态,它注重世界各国在现代化道路选择和人类文明发展问题上的多样、平等和互鉴。从历史维度讲,新时代中华文明区别于西方工业化进程中的物质主义膨胀的单向度文明。新时代中华文明是一种全要素文明形态,注重"五个文明"全方位协调发展。从关系维

---

[1] 韩庆祥、楼俊超:《超越"东方从属于西方"的框架》,《学海》2024年第1期。

度讲,新时代中华文明区别于资本主义社会资本至上、两极分化的资本文化,它主张全体人民共同富裕,坚持发展为了人民、发展依靠人民、发展成果由人民共享,始终以满足人民美好生活需要为发展目标,体现了以人为本的文明本质,彰显了民本情怀,开创了人类文明新形态。从空间维度讲,"两个结合"体现了马克思主义的"共同体"思想和中华优秀传统文化中的和谐理念。与西方狭隘的民族主义、殖民扩张主义不同的是,中国式现代化的文化形态和新时代中华文明共同孕育了"人类和谐共生文明"。该文明植根于世界多元共存的现实土壤,以坚持胸怀天下为世界观和方法论,倡导"和平、发展、公平、正义、民主、自由"的全人类共同价值,秉持构建人类命运共同体理念,坚持走和平发展道路,为人类谋进步,为世界谋大同。

(三)破解"古今中西之争"且为世界谋大同

"古今中西之争"是近代以来中国思想理论界的独有命题,但其问题延展却超越中国、关乎世界。人类作为一个族群,其内在统一的多样化文明体如何进入新的历史阶段,这是关涉一切古老文明走向现代的宏大历史叙事。百余年中国的理论求索、道路求索、实践求索都是这个问题的注脚:人类到底是否只能按照一个模子前进?人们到底是否只能按照一种方式生活?人类的文明形态之问是否只有一个答案?习近平同志在研判基础上给出了答案:"我们开辟了中国特色社会主义道路不是偶然的,是我国历史传承和文化传统决定的。"①"第二个结合"进一步强调中国式现代化是赓续古老文明的现代化,而不是消灭古老文明的现代化,中国式现代化是文明更新的结果,而不是文明断裂的产物;明确倡导将中华五千年文明的精华同马克思主义的精髓相结合,从中寻找理论和实践创新的源头活水。这些重要论断,既强调文化自信、赓续文明,又强调守正创新,在创造性转化、创新性发展中更新文明,使中国式现代化具有深厚底蕴,让中国特色社会主义道路有了更加宏阔深远的历史纵深。

在世界百年未有之大变局的时代条件下,面对人类文明发展的新挑战,发展新时代中华文明成为破解"古今中西之争"的有力手段,成为为世界谋大同的新方案。正如习近平同志指出:"文明的繁盛、人类的进步,离不开求同存异、开放包容,离不开文明交流、互学互鉴。"②人类文明新形态从文明逻辑、文明发展、文明理念和文明道路等方面对资本主义文化实现了全面超越——即坚持人民至上理念,超越资本主导的逻辑,通过"五大文明"和谐共生超越单一物质追求的局限;倡导文明多样、互学互鉴,超越文明冲突的旧有模式;坚持走和平发展道路,超越殖民主义的侵略扩张,为建构人类文明新形态开辟了新图景。在面对"古今中西之争"的持续挑战时,发展新时代中华文明提供了一种新思路,为全球现代化进程带来了新的解决方案。构建人类命运共同体,是对资本

---

① 中共中央文献研究室编:《习近平关于协调推进"四个全面"战略布局论述摘编》,中央文献出版社2015年版,第84页。
② 《携手建设更加美好的世界——习近平在中国共产党与世界政党高层对话会上的主旨讲话》,《人民日报》2017年12月2日。

主导逻辑及其价值观的否定,是以人类共同利益为中心的价值理念的复归。构建人类命运共同体,实现合作共赢,这一举措是对"时代课题"的积极回应,是中国在深思熟虑后向世界贡献的中国智慧和中国方案。新时代中华文明秉持"和而不同"的原则,打破了国家间的文化壁垒,促进了人类心灵的共鸣与融合,以包容万物的态度消融霸权构置的坚冰。"天下一家"理念为各国人民和谐共生、共同发展勾勒出了总体愿景,"天下大同"则是构建人类命运共同体的终极追求,"和而不同""求同存异"的精神指引各国携手并进、共同发展。

五、巩固党掌握文化的领导权与为中国共产党谋强大

习近平文化思想的落脚点,是党掌握义化领导权,它联结着"为中国共产党谋强大"。新时代新征程,我们党必须巩固和掌握文化领导权,充分释放其效能潜力,确保文化安全工作紧密契合党的中心任务,致力于满足人民根本利益,引导文化强国建设步入正确轨道,为中国共产党谋强大奠定坚实的文化根基。

(一)巩固和掌握党的文化领导权具有重要性和必要性

巩固和掌握党的文化领导权,是面对国际国内双重挑战的必然要求。坚持党的文化领导权作为党执政能力的重要体现,不仅关乎党的执政地位的稳固,更有助于建设一个强大的马克思主义执政党,从而为维护国家文化安全提供政治保障。一个政权的瓦

解往往是从思想领域开始的,政治动荡、政权更迭可能在一夜之间发生。党的十八大以来,中华民族伟大复兴战略全局与世界百年未有之大变局加速演进并深度互动,国内外环境发生了深刻变化,党的文化领导权面临着前所未有的挑战。从国际视角来看,经济全球化的发展使文化等领域面临严峻挑战,各种思想文化的交流交融对党的文化领导权提出了更高要求。从国内视角来看,历史虚无主义、新自由主义、"普世价值"等错误思潮散布于政治、经济、文化、社会等各个领域,构成一幅反映当下思想界的纷乱图谱。面对国内外双重挑战的复杂局面,巩固和掌握党的文化领导权,已成为中国共产党推动文化发展与建设强大的马克思主义执政党的战略重点。

巩固和掌握党的文化领导权,是中国共产党发展壮大的重要历史经验。文化作为一种精神世界的精神力量,在人类历史发展中始终发挥着重要作用。周易有云:"观乎'天文',以察时变;观乎'人文',以化成天下。"在中国革命、建设和改革的长期实践中,中国共产党始终将文化领导权视为意识形态建设与国家治理的核心要素。在探索与追求文化领导权建设的道路上,我们党不仅积累了丰富的历史经验,还逐步形成了具有中国特色的文化发展战略。

巩固和掌握党的文化领导权,是提升党在文化领域影响力的关键。其中,坚持马克思主义在意识形态领域的根本指导地位是核心和灵魂。历史和实践证明,马克思主义是具有科学性、阶级性、革命性、实践性、人民性的指导思想,中国共产党文化领导权的建设必须致力于巩固马克思主义在意识形态领域的指导地位,确保党在意识形态工作领域的领导核心地位是根本保障。应遵循深入理解、透彻领悟和切实执行的原则,积极推动习近平新时代中国特色社会主义思想的学习与教育实践活动,明确坚持党的领导在宣传工作、意识形态管理和媒体引导上的主导作用,增强内部团结与民族向心力,坚定全国各族人民对中国道路、中国理论、中国制度和中国文化的自信。

(二)习近平文化思想赋予党的文化领导权新的内涵

巩固和掌握党的文化领导权,是习近平同志深刻总结党的历史经验、洞察时代发展大势提出来的,充分体现了对新时代文化地位和作用的深刻认识,体现了对党对意识形态工作的政治把握。

历史告诉我们,对于马克思主义执政党而言,文化领导权既非天赋之权,亦非一蹴而就,而需持之以恒地维护、强化和巩固。它关乎广大党员干部对马克思主义的坚定信念,关乎人民群众对中国共产党领导的发展道路的深切认同,关乎民族复兴宏伟蓝图的实现,更关乎能否把中国共产党建设成为一个强大的马克思主义执政党。面对马克思主义在一些学科中"失语"、在教材中"失踪"、在论坛上"失声"的情况,针对部分党员干部对文化领导权认识上的模糊与偏差,习近平文化思想对加强党的文化领导权建设之内涵进行新的阐释。一是阐述了加强党的文化领导权建设的重要价值。习近平同志强调:"党是领导一切的,是最高的政治领导力量。"①在文化领域,强化与提升党的领导力,构成了我国哲学社会科学事业繁荣兴盛的基石,同时也是推动我国文化事业蓬勃发展的核心优势。二是提出了提升党在文化领域主导地位的具体方法。一方面,将党的文化引领工作常态化,确保其成为各项工作的重中之重,纳入核心规划议程;另一方面,深化党的领导机制建设,推动文化领导工作的制度化、规范化建设。三是明确了落实文化领导职责的关键主体。习近平同志强调,宣传思想部门必须"守土有责、守土负责、守土尽责"②。四是阐明了勇担党的文化领导权的责任使命。针对有些领导干部不作为、无担当的现象,习近平同志强调:"宣传思想部门工作要强起来,首先是领导干部要强起来,班子要强起来。各级宣传思想部门领导同志要加强学习、加强实践,真正成为让人信服的行家里手。"③

(三)巩固和掌握党的文化领导权是为中国共产党谋强大的关键一招

巩固和掌握党的文化领导权是一项长期性、系统性的工作,关乎中国共产党和国家民族的未来发展,是为中国共产党谋强大的关键一招。

巩固和掌握党的文化领导权有助于增强党的团结统一,有助于永葆党的思想先进性和纯洁性。党的先进性不仅在政治维度显著展现,更在文化层面受到深刻影响。通过巩固和掌握党的文化

---

① 《习近平著作选读》第一卷,人民出版社2023年版,第192页。
② 《习近平著作选读》第一卷,人民出版社2023年版,第150页。
③ 《习近平著作选读》第一卷,人民出版社2023年版,第150—151页。

领导权,领悟"两个结合"的重大意义,持续推动党的理论创新,形成一系列契合中国共产党发展的文化理论成果,这些理论不仅为文化实践提供了科学指南,而且显著激发了文化的创新潜能与创造活力。党的纯洁性体现在党对文化领域保持着高度警觉,通过坚持党的文化领导权,有效引导广大党员干部筑起思想防线,保持初心不改、使命长存,形成共同的价值追求和行动准则。这种一致性是党的团结统一的思想基础,有助于形成强大的凝聚力和战斗力。同时,巩固和掌握党的文化领导权有助于传承发扬党的优良传统。巩固和掌握党的文化领导权是中国共产党在历经革命、建设、改革的风雨历程中矢志不渝的优良传统。党的发展壮大离不开宣传思想文化工作,未来更需进一步彰显这一独特政治优势。新时代新征程,坚定不移地巩固和掌握党的文化领导权,对于巩固党的领导核心地位、增强党的团结统一具有深远的意义。

巩固和掌握党的文化领导权助力形成正确的舆论导向。在当前多元思想观念与文化思潮交织共存的背景下,党的文化领导权必须成为引导舆论、塑造社会共识的核心驱动力。通过巩固和掌握党的文化领导权,我们党能够有效抵制那些可能削弱党的团结统一的错误思潮。同时,地方党组织通过强化正面宣传和教育,深化党员和广大人民群众对党的核心理念和发展目标的认同感,进而增强他们对党的忠诚度和信任感。这种认同感、忠诚度和信任感,是党的团结统一的精神纽带,确保在全党上下形成广泛共识,推动党的事业不断向前发展。

党掌握文化领导权,能够传播党的理念和价值观,使人民群众更加深入地了解党的初心使命、宗旨目标、方针政策,有助于增强人民群众对党的认同,从而深化党与人民群众的血肉联系。同时,掌握党的文化领导权,能够深入洞察人民群众的文化需求,持续拓展文化供给的广度与深度,优化文化服务品质,保障人民群众共享文化发展成果,促进社会主义文化繁荣发展。这种文化层面的互动与服务,增强了党与人民群众之间的血肉联系,从而增强了党在人民群众中的影响力和感召力,夯实了党的执政基础,更有助于把中国共产党建设成为强大的马克思主义政党。

丰富人民精神世界,魂脉根脉相结合,新的文化生命体、新时代文化使命和中华民族文化主体性,中国式现代化的文化形态,巩固党掌握文化的领导权,共同构成习近平文化思想的核心话语、内核精髓。从哲学维度看,其根本旨向就是为中国人民谋幸福,为中华民族谋复兴,为世界谋大同,为中国共产党谋强大,为马克思主义谋发展。

第四章

新的文化生命体视域下习近平文化思想的核心话语及其内在逻辑

习近平文化思想,是我们党对马克思主义中国化时代化历史经验的深刻总结,是对中华文明发展规律的深刻把握,表明我们党对中国道路、理论、制度的认识达到了新高度,表明我们党的历史自信、文化自信达到了新高度,表明我们党在传承中华优秀传统文化中推进文化创新的自觉性达到了新高度。习近平文化思想内涵丰富、博大精深,既需要全面理解和把握其总体框架及其科学体系,也需要深入揭示和领悟其核心话语及其内在逻辑。一般来说,习近平文化思想主要有六大核心话语,这六大核心话语环环相扣、步步深入、逻辑严密,构成一个有机整体。

一、逻辑起点:新时代中国具体实际把中华优秀传统文化的时代价值彰显出来

这是习近平文化思想的逻辑起点。

习近平总书记指出:"我们一直强调把马克思主义基本原理同中国具体实际相结合,现在我们又明确提出'第二个结合'。"[1]这里的"现在",主要指中国特色社会主义新时代,是"新时代"的中国具体实际把中华优秀传统文化的时代价值充分彰显出来,它内在要求把马克思主义基本原理同中华优秀传统文化相结合。没有对中华优秀传统文化的时代价值的确认,就难以理解和把握

---

[1] 习近平:《在文化传承发展座谈会上的讲话》,《求是》2023年第17期。

"第二个结合",进而也难以理解和把握习近平文化思想。

依据中央相关权威文献,归纳概括起来,新时代的中国具体实际就是:作为新时代使命任务的以中国式现代化全面推进中华民族伟大复兴;我国历史发展的必然性把丰富人民精神世界、增强人民精神力量推向历史的前台;世界维度的促进和平发展、合作共赢。文脉同国脉相连,文化关乎国本、国运,文化兴则国运兴,文化强则民族强,文化是一个国家、一个民族的灵魂,一个国家的强大、一个民族的复兴,总是以文化的兴盛为强大支撑。新时代强国建设、民族复兴,文化强国建设、文化兴盛是关键一环,它可以为强国建设、民族复兴提供强有力的文化支撑。建设文化强国、推动文化复兴必须坚定文化自信,在创造性转化和创新性发展中使中华优秀传统文化焕发新的生机活力,使之契合强国建设、民族复兴的需要。习近平总书记援引拿破仑所言:"世上有两种力量:利剑和思想;从长而论,利剑总是败在思想手下。"[1]文化作为思想的主要表现形式,潜藏着不容忽视的能量。新时代丰富人民精神世界、增强人民精神力量内在要求传承弘扬中华优秀传统文化。中国式现代化内在要求实现物质文明和精神文明相协调,这是中国式现代化的本质特征之一。同时我们党也意识到会面临"精神懈怠"的危险,我们党还把"精神懈怠"危险置于"四种危险"首位。中华优秀传统文化中蕴含的仁义礼智信、温良恭俭让、修身治国齐家平天下等伦理道德原则,对构建新时代中国人民精神世界的秩序具有重

---

[1] 习近平:《文明交流互鉴是推动人类文明进步和世界和平发展的重要力量》,《求是》2019年第9期。

要启示意义,也能彰显其在"丰富人民精神世界、增强人民精神力量"上的时代价值。新时代促进和平发展、合作共赢,也充分表现了中华优秀传统文化的世界意义。和平发展、合作共赢是新时代中国具体实际的国际延展。中华优秀传统文化蕴含着极为丰富的"协和万邦、兼济天下、世界大同、亲仁善邻"等思想资源,能为促进"和平发展、合作共赢"提供坚实的思想资源和文化支撑。总之,中国特色社会主义新时代把文化建设推向历史发展的前台,为提出"第二个结合"提供了逻辑起点。

二、创新空间:"第二个结合"让我们能在更广阔的文化空间探索面向未来的理论创新

这是习近平文化思想的生长点与发展源。

习近平总书记把马克思主义看作"魂脉",把中华优秀传统文化看作"根脉",指出魂脉和根脉相结合打开了创新空间,让我们掌握了思想和文化主动,并有力地作用于道路、理论和制度。"更重要的是,'第二个结合'是又一次的思想解放,让我们能够在更广阔的文化空间中,充分运用中华优秀传统文化的宝贵资源,探索面向未来的理论和制度创新。"[①]就是说,"第二个结合"是一种思想解放,它使我们掌握思想和文化主动,让我们能在更广阔的文化

---

① 习近平:《在文化传承发展座谈会上的讲话》,《求是》2023年第17期。

空间且充分运用中华优秀传统文化的宝贵资源,探索面向未来的理论和制度创新。

"第二个结合"是又一次的思想解放,能使我们掌握思想和文化主动。"又一次的思想解放",主要是在如何对待中华传统文化、中华文明与西方现代化问题上的思想解放,它通过思想解放,力求破除"把现代化等于西方化"的迷思,破除对待中华传统文化、中华文明的历史虚无主义和文化虚无主义,进而破解"古今中西之争"。这是文化观和文明观意义上的思想解放。其重要意义不仅在于破除了对西方现代化的迷信,而且在于坚定文化自信,使我们掌握思想和文化主动,进而巩固中华民族的文化主体性。

"第二个结合"使我们能充分运用中华优秀传统文化的宝贵资源。既然"第二个结合"破除了对待中华传统文化和中华文明的历史虚无主义和文化虚无主义,坚定文化自信,就能使我们科学对待中华优秀传统文化和中华文明,充分且深刻地认识到中华优秀传统文化和中华文明所具有的重要时代价值,因而使我们积极主动地通过创造性转化和创新性发展,传承发展并充分运用中华优秀传统文化的宝贵资源。

"第二个结合"有助于使我们探索面向未来的理论和制度创新,尤其是理论创新。马克思主义是我们立党立国、兴党兴国的根本指导思想,是一个开放的、不断与时俱进的科学理论体系。马克思主义中国化时代化这个重大命题本身就是理论创新的成果。在推进马克思主义中国化时代化过程中,我们决不能抛弃马克思主义这个魂脉,决不能抛弃中华优秀传统文化这个根脉。坚守好这个魂和根,是我们探索面向未来的理论创新的基础和前提,因而必须坚持马克思主义在理论创新中的指导地位。同时,必须运用马克思主义的科学世界观和方法论深入挖掘中华优秀传统文化蕴含的思想观念、人文精神、道德规范,并结合时代要求推陈出新。如此一来,第一能让马克思主义成为"中国的"即中国化,使未来的理论创新朝着"中国化"方向推进,这是探索面向未来的理论创新的第一个方向与空间;第二能让中华优秀传统文化展现出永久魅力和时代风采,使其成为"现代的"即时代化,使未来的理论创新朝着"时代化"方向推进,这是探索面向未来的理论创新的第二个方向与空间;第三能赋予"六个必须坚持"以文化支撑和文明底蕴,使未来的理论创新朝着"六个必须坚持"所指定的方向推进,这是探索面向未来的理论创新的第三个方向与空间;第四能使我们深入理解和把握新的文化生命体与中国式现代化的文化形态,不断丰富新的文化生命体与中国式现代化的文化形态内涵,这是探索面向未来的理论创新的第四个方向与空间;第五能使我们不断创造人类文明新形态,为人类文明发展进步提供中国智慧和中国方案,这是探索面向未来的理论创新的第五个方向与空间;第六能使我们不断朝着巩固、高扬中华民族文化主体性的方向推进,坚定文化自信,这是探索面向未来的理论创新的第六个方向与空间。

总之,"第二个结合"让我们能在更广阔的文化空间探索面向未来的理论创新,为未来推进理论创新打开了新的空间。习近平总书记强调:"马克思主义中国化时代化这个重大命题本身就决定,我们决不能抛弃马克思主义这个魂脉,决不能抛弃中华优秀传统文化这个根脉。"①"根脉"和"魂脉"是探索面向未来的理论创新必须坚守的阵地,也是习近平文化思想的生长点与发展源。

三、基石主体:魂脉和根脉相结合造就一个有机统一的新的文化生命体

这是习近平文化思想的基石主体。

习近平总书记指出:马克思主义基本原理同中华优秀传统文化相结合,"造就了一个有机统一的新的文化生命体"②,让经由"结合"而形成的新文化成为中国式现代化的文化形态。这里,新的文化生命体、中国式现代化的文化形态就成为习近平文化思想的基石和主体。

在习近平文化思想中,新的文化生命体,是一个具有总体性、根本性、全局性、战略性的标识性概念,是习近平文化思想的基石和主体。

新的文化生命体需要理解其"新"。新,就体现在它既具有马克思主义"魂脉"的基因,又有中华优秀传统文化"根脉"的基因,是马克思主义基本原理同中华优秀传统文化相结合而生成的一种新的产物或成果。

新的文化生命体是一种新的"文化"形态,具有与经济形态、

---

① 习近平:《必须坚持守正创新》,《求是》2024 年第 23 期。
② 习近平:《在文化传承发展座谈会上的讲话》,《求是》2023 年第 17 期。

政治形态、社会形态、生态形态相区别的边界性。它鼓励不同文化之间的交流和融合，注重对人类文明和文化的反思与借鉴，主张在不同文化体系之间形成一种相互补充、彼此共生的关系，以新的文化形态推动构建人类文明新形态，从而为人类文明发展注入新的活力和动力。

新的文化生命体具有"生命"特质。新的文化生命体之"生命"，是哲学意义上的"生命"，它意味着这种新的文化形态具有一种正在生成、茁壮成长、蒸蒸日上、朝气蓬勃、充满青春活力的内驱力。这一新的文化生命体在吐故纳新中不断实现文化生命的自我更新，它能够持续不断地推动文化自身的创新发展，并以其自身旺盛的生命力为世界文化交流与发展贡献中国智慧和中国方案。

新的文化生命体之"体"，既是一个系统"整体"，也是具有主体性之主"体"。新的文化生命体是不忘本来、吸收外来、面向未来之"体"，是坚持包容、守正、创新之"体"。它作为一个系统整体，立足中国式现代化，以马克思主义基本原理和中华优秀传统文化为两"脉"，以中国式现代化的文化形态和新时代中华文明为两"基"，在两"脉"、两"基"之上创立习近平文化思想，这六大要素环环相扣、步步深入、逻辑严密，构成一种融为一体的系统整体；它作为具有主体性之主"体"，是针对以往所主张的"西体中用"和"中体西用"之中的所谓"体"，强调以新的文化生命体为"体"。

显然，这种系统整体的新的文化生命体，在习近平文化思想中既具有"基石"意义，也具有"主体"意义。

四、重要作用：使习近平文化思想明体达用、体用贯通

这是习近平文化思想的伟大意义。全国宣传思想文化工作赋予"明体达用"以新的时代内涵，指出习近平文化思想既有文化理论观点上的创新突破，又有文化工作布局上的部署要求，明体达用、体用贯通，明确了新时代文化建设的路线图和任务书，标志着我们党对中国特色社会主义文化建设规律的认识达到了高度自觉。这既概括表达了习近平文化思想的理论品格和鲜明特征，还明确了贯彻落实习近平文化思想的基本要求和重要意义。这里的"体"，主要指新的文化生命体及其习近平文化思想，而其"用"，主要指"理论之用"和"实践之用"。

新的文化生命体及其习近平文化思想的理论之用，就是它解构了"西方中心论"，破解了"古今中西之争"和"文化虚无主义"，打开了中国理论和思想文化的创新空间，确立并掌握了思想文化的主体性。"西方中心论"奉行的是《共产党宣言》中马克思、恩格斯所谓的"东方从属于西方"的框架逻辑。"西方中心论"把西方世界看作"主"，把非西方世界看作"客"，强调"客随主便""主统治客"。在这种框架逻辑中，中国就要从属于西方，成为西方的附庸，缺乏具有独立自主性的"自我"。习近平文化思想强调传承发展并弘扬中华优秀传统文化，以新的文化生命体为"主体"和"基石"，坚定文化自信，巩固了中华民族的文化主体性，破解并走出

了西方中心论。"古今中西之争"之"古今"是历史时间问题,之"中西"是历史空间问题,其实质涉及是"西体中用"还是"中体西用"问题,是如何科学对待中华传统文化和西方文化的问题。新的文化生命体注重运用马克思主义立场观点方法对中华传统文化进行创造性转化和创新性发展,使其古为今用,创造中国式现代化的文化形态,发展新时代中华文明,这就破除了文化虚无主义,解决了"古今"问题;新的文化生命体立足中国式现代化,有助于巩固中华民族的文化主体性,确立并掌握思想文化的主体性,走出了"把现代化等于西方化"的迷思,解决了"中西"问题。如上所述,"第二个结合"及其造就的新的文化生命体打开了中国理论和思想文化的创新空间。

新的文化生命体及其习近平文化思想的实践之用,就是它以其独特的文化形态为强国建设、民族复兴奠定了深厚的文化根基,为和平发展、合作共赢提供了丰厚的文化供给,为丰富人民精神世界、增强人民精神力量提供了厚重的文化滋养。没有中华文化的繁荣兴盛,就没有中华民族的伟大复兴。

五、时代担当:新时代的文化使命是推进文化繁荣、建设文化强国、发展新时代中华文明

这是习近平文化思想的时代担当。

习近平总书记指出:"在新的起点上继续推动文化繁荣、建设

文化强国、建设中华民族现代文明，是我们在新时代新的文化使命。"①

"使命"，具有三层含义：一是指所要完成的任务、实现的目标和担当的责任；二是这种任务、目标和责任关乎党和国家事业发展的命运；三是相关的人应当将其毕生的精力乃至生命都使用在所要完成的任务、实现的目标和担当的责任上来。

新的文化使命是一个整体性概念，其内容是一种步步递进、层层提升的逻辑关系，是按照从微观到宏观、从文化到文明的逻辑而展开的。推动文化繁荣，是广大人民群众的活动与事业，与广大人民群众中的每一分子息息相关，它是建设社会主义文化强国的基础性工程，没有文化繁荣，就不会建成社会主义文化强国，推动文化繁荣的目标是建设社会主义文化强国，没有建设社会主义文化强国目标导向作用的发挥，推动文化繁荣和发展就会迷航和失重；建设社会主义文化强国的核心目标，就是建设中华民族现代文明，没有从中华文化到中华现代文明的升华，就无法实现推动文化繁荣和建设社会主义文化强国由量到质的提升和飞跃。

发展新时代中华现代文明，既是由"文化"向"文明"升华的一个概念，也是由"中华文明"走向"人类文化"的一个概念。文化是文明的基础和前提，文明是文化的提升和升华，文明从文化中走出又高于文化；文化有先进和落后之分，文明是文化的先进方面，是文化之善，是文化"内化成人"和"德行天下"的向度，因而，并不是

---

① 习近平：《在文化传承发展座谈会上的讲话》，《求是》2023年第17期。

所有的文化都可称为文明。把发展新时代中华现代文明确定为建设社会主义文化强国的目标旨向，其实质就在于注重社会主义文化强国建设的先进方面，向着发展新时代中华现代文明的目标和方向迈进。发展新时代中华现代文明，是朝着创造人类文明新形态方向发展的一个概念，注重为人类文明发展进步贡献中国智慧和中国方案，注重为人类实现现代化提供一种体现人类文明发展进步且具有光明前景的新的选择。

六、目标旨向：巩固中华民族的文化主体性

这是习近平文化思想的落脚点。

习近平总书记强调："任何文化要立得住、行得远，要有引领力、凝聚力、塑造力、辐射力，就必须有自己的主体性。"[1]要在创造性转化和创新性发展中赓续中华文脉，高扬中华民族的文化主体性。

新时代中国共产党在道路自信、理论自信、制度自信的基础上增加了文化自信，将文化自信上升到"四个自信"中"最本质的自信"这一战略高度，而文化自信就来自于中华民族的文化主体性及由此伴生的文化领导权。

巩固和高扬中华民族的文化主体性，可以从以下五个方面理

---

[1] 习近平：《在文化传承发展座谈会上的讲话》，《求是》2023 年第 17 期。

解和把握。

一是"破"。就是破除"西方中心论",走出"东方从属于西方"的西方现代化框架。自西方开启现代化并引领世界现代化之后,西方就提出了"西方中心论",进而基于"西方中心论"建构起了"东方从属于西方"的西方现代化框架。这种框架把世界各国都卷入其中,实现现代化成为世界各国共同的命运。各国在推进本国现代化的历史进程中,在一定的历史发展阶段,很大程度上都存在着"把现代化等于西方化"的迷思。不打破这种迷思,就破除不了对西方现代化的依附关系,也就难以确立中华民族的文化主体性。由此,立足中国式现代化理论体系,破除"西方中心论",走出"东方从属于西方"的西方现代化框架,就成为巩固中华民族文化主体性的第一步。

二是"立"。就是立足于大力推进中国式现代化实践。中华民族的文化主体性并非空穴来风、凭空生成,而是具有雄厚的实践根基和鲜明的实践特征,它是在中国式现代化实践基础上建立起来的。自从1921年中国共产党诞生以来,由于把马克思列宁主义作为指导思想,不断探寻解决中国问题的正确道路,中国对西方现代化和西方中心论就一改过去被动防御性的回应为积极主动应对,于是在新中国成立特别是改革开放以来的长期探索和实践基础上,经过十八大以来在理论和实践上的创新突破,我们党成功推进和拓展了中国式现代化。中国式现代化是为超越西方现代化并解构"西方中心论"而出场的,更是造就新的文化生命体的实践基础,是建构中国自主的知识体系的立足点。只有在中国式现代化的实践基础上造就新的文化生命体,建构中国自主的知识体系,进而发展21世纪马克思主义,才能真正巩固中华民族的文化主体性,也才能使中华民族的文化主体性立得住、站得稳。

三是"体"。就是明体达用、体用贯通,不断丰富、发展和巩固新的文化生命体,坚持和发展习近平文化思想。新的文化生命体是"第二个结合"的产物,它不是简单的排列组合和机械拼凑,而是有基、有根、有干、有枝,具有旺盛生命力和强大创新力的"生命体"。这一新的文化生命体的梁柱、核心和灵魂,是习近平文化思想。习近平文化思想是习近平新时代中国特色社会主义思想的文化篇。习近平新时代中国特色社会主义思想包括习近平文化思想,是中华民族的文化主体性最有力的体现。在以中国式现代化创造并推动人类文明新形态发展的历史进程中,必须自觉坚持和发展习近平文化思想,持续推进"两个结合",为"强国建设、民族复兴""丰富人民精神世界、增强人民精神力量""促进和平发展、合作共赢"提供强有力的文化支撑,进而为巩固中华民族的文化主体性提供强大精神力量和坚实文化支撑。

四是"行"。就是致力于解决人民生活"好不好",国家、民族"强不强",中国共产党自身"硬不硬"等影响党和国家发展命运的根本性问题,以为中国人民谋幸福、为中华民族谋复兴、为世界谋大同、为中国共产党谋强大、为马克思主义谋发展,从而确保以中国式现代化全面推进中华民族伟大复兴这艘巨轮在历史洪流中行得通、行得稳。

五是"权"。就是牢牢坚持和掌握党的文化领导权。党的文化领导权,主要包括意识形态工作领导权、主导权、话语权和控制权等,其意就是要把党的领导落实到党的文化工作、中国特色社会主义文化强国建设的各方面和全过程。文化主体性最终需要落脚到党掌握文化领导权上。有了文化主体性,党掌握了文化领导权,中国共产党就有了引领时代的强大文化力量,文化自信就有了根本依托。

巩固和高扬中华民族的文化主体性,党掌握文化领导权,是习近平文化思想的目标旨向。

上述六大核心话语环环相扣步步深入,构成一个逻辑严密的有机整体。

第五章

中国式现代化视域下文化和文明的相对区别及其重大意义

文化研究自20世纪50年代由英国发端以来,就在国际学术界占据强有力的话语高地。[①] 在全球化时代,文明研究已成为世界各国学术界竞相争逐的一个制高点。在当今世界,"文明"一词频频出现在各种场合中。尤其是自从提出"创造人类文明新形态""中华文明的突出特性"等重大命题之后,我国学术界力求自觉地去厘清文化和文明的相对区别,但由于难度较大,迄今为止,文化和文明的相对区别依然是一个"难解之谜",国内外学术界也没有真正把二者的相对区别搞清楚。因此,尝试性地深入探究文化和文明的相对区别,是我国学术界面临的一个重大课题,它对理解和把握文化和文明各自原本的本质内涵,对深化文化和文明的研究乃至实现突破,对理解和把握中西文化和文明问题,对澄清文化和文明问题上的种种迷雾,对理解和把握人类文明新形态,也具有十分重要的方向性意义。

一、必须从哲学上厘清文化和文明的相对区别

法语是最早出现"文明"(civilisation)一词的语言,后从法国迅即传播至欧洲,"文化"(culture)一词也随之风行。文明概念兴起于启蒙运动时期,名词"文明"是启蒙时代的新词。1756年维克托·里克蒂·米拉波在其《人类之友》一书中就出现文明一词。

[①] 参见黄卓越:《重建"文化"的维度》,人民出版社2023年版,第2页。

第五章 中国式现代化视域下文化和文明的相对区别及其重大意义

文化和文明,都是较难把握的概念。英国学者伊格尔顿(Terry Eagleton)在其《文化论》中开篇就说:"文化"(culture)据说成了英语中最为复杂的两三个词之一。其实,在汉语、德语、法语等多种语言中,在用多国语言文字书写的联合国系列报告和文件中,在当前我国出版发表的相关论著中,文化和文明都是较为普遍而含义极不统一的概念,常常混淆使用。布鲁斯·马兹利什就在《文明及其内涵》一书中指出:有具体含义的"文明"一词,并且其作为一个概念而广泛传播的现象在启蒙运动之前并不存在。无可否认,文化和文明概念在当今国内外的使用显得十分混乱。

美国哈佛大学亨廷顿教授在其名著《文明的冲突与世界秩序的重建》中,虽然对文明概念进行了辨析,但他最后仍然没有把文化和文明相对区分开来,而是把文化和文明当作基本相同的概念来使用。鲍登在《文明的帝国》一书中,对文明概念及其起源、内涵和意义等作了较为详细的语言学、解释学、历史学考察,但对文明概念并未给出一个明确界定和确切解释。在关于文明概念问题上,他指出,一种情况是明确回避文明概念。如舍费尔所指出的:"社会学家、人类学家和历史学家都学会了规避'文明'一词,并以'文化'为参照来分析一切问题";另一种情况是把文明概念当作一个框,让"文明"概念承载太多的意义,认为文明概念无所不包,为数众多的社会分析都被归入文明范畴,以至于它缺失任何具体的含义。① 不从词源学而从世界历史角度来讲,规避"文明",一定

---

① 参见布雷特·鲍登:《文明的帝国》,社会科学文献出版社2020年版,第16页。

意义上是因为文明针对野蛮,而西方曾经作了一些野蛮之事;在"野蛮—文明"二分解释框架确立且提出"西方中心论"之后,就出现了第二种情况,即力求用文明遮蔽其野蛮,把什么都说成是文明。亨廷顿就认为,文明概念是由18世纪晚期的法国思想家相对于"野蛮状态"提出的。[①] 纵向来看,古希腊文明孕育了古罗马文明,古罗马文明孕育了基督教文明,基督教文明孕育了文艺复兴、启蒙运动,文艺复兴、启蒙运动孕育了工业文明以及欧洲文明。一些欧洲学者认为,文明只属于欧洲,欧洲以外的国家和民族要么野蛮,要么不开化。翻阅其他一些相关论著,虽然也有学者力求澄清文化和文明的相对区别,也具有启发意义,但还一时难以令人信服。在翻阅大量直接相关文化和文明论题的著作时我发现,尽管都在谈文化和文明,但都没有明确且鲜明地把文化和文明的相对区别完整地说清楚。布鲁斯·马兹利什的著作《文明及其内涵》是专门研究文明的内涵的,但也没有看到他对文明的内涵给予明确而完整的阐释。

相关研究表明,关于文化的定义就有200多种。据美国人类学家克鲁伯和克拉克洪在 Culture: A Critical Review of Concepts and Definitions(《文化概念和定义批判分析》)中的陈述,20世纪前20年,人类学界仅有6种关于"文化"的新定义,1920—1951年间,文化研究进入高峰,美国人类学界突然冒出高达164种关于文化的定义。克鲁伯和克拉克洪认为,这些文化定义大致可分为描述性

[①] 参见布雷特·鲍登:《文明的帝国》,社会科学文献出版社2020年版,第30页。

定义、历史性定义、规范性定义、心理性定义、结构性定义和遗传性定义六种。

由于文化和文明这两个词的含义不断变化,使得区分文化和文明的内涵变得尤为困难,令人不敢贸然下手。正因为文化和文明的区别较难厘清,有些人不主张把文化和文明加以区分。爱德华·伯内特·泰勒(Edward Burnett Tylor),是人类学界第一个从现代意义上对"文化"概念做出界定的人。他在其《原始文化》一书中就认为,文化和文明几乎是同义词。他有意识地将两者作为同一概念加以运用。[①] 1830年,在柏林大学,黑格尔也一直交替使用文化和文明概念。弗洛伊德也反对把文化和文明区别开来,不屑于对文化和文明加以区分。

有些学者却强调要对文化和文明加以区分。这最早是由包括托马斯·曼和西斯蒙第·弗洛伊德在内的学者提出来的。19世纪末20世纪初,一些德国社会学家试图将"文明"和"文化"归纳为一般意义上的"文化"的两个方面。德国大多数学者或"德国学派"认为,应当对文化和文明概念作出区分。所有研究文化的学者在注重区分文化和文明概念时,就经常提到"德国学派"。费尔南·布罗代尔也强调:最终,人们开始感到有必要对它们加以区分。[②] 但究竟如何区分,人们还是没有完全搞清楚。

今天我们提出"创造人类文明新形态""中华文明的突出特性"等重大命题之后,就必须首先把"文明"和"文化"的相对区别

[①] 参见泰勒:《原始文化》,浙江人民出版社1988年版,第1页。
[②] 费尔南·布罗代尔:《文明史》,中信出版社2014年版,第37页。

搞清楚,不然,就找不到定义构建人类文明新形态的正确方向。习近平同志在谈到文化、文明时,在表述上是做相对区分的。他明确指出:"中华民族具有百万年的人类史、一万年的文化史、五千多年的文明史。"①他强调,不同民族、不同文明多姿多彩、各有千秋,没有优劣之分,只有特色之别。中国式现代化是文明更新的结果,不是文明断裂的产物,中国式现代化是源于中华文明内生性的现代化,有着深厚的文化积淀和一以贯之的文化内核。② 这些相关重要论述,为我们理解文化和文明的关系具有指导意义。依据习近平同志的相关重要表述,当务之急,就是厘清文明和文化概念的相对区别。

文化和文明都是关系概念,需要在文化和文明的相互区别中理解二者的本质内涵。既可以从考古学、人类学视角探究文化和文明的相对区别,也可以从历史学、文化学视角探究文化和文明的相对不同。

探究文化和文明的相对区别,首要应确定其方向、思路和框架,避免出现方向性、思路性和框架性问题。哲学是文明活的灵魂,因而首先要从哲学方向、思路上理解和把握文明的本质内涵,确定科学的文明观,这是理解和把握文化和文明相对区别的前提。只有这样,才能真正彻底厘清文明和文化的相对区别。

从哲学方向、思路意义上理解和把握文明,从总体上和根本上就是要从人本身发展进步和社会发展进步这一主题入手。由于对

---

① 习近平:《在文化传承发展座谈会上的讲话》,《求是》2023 年第 17 期。
② 参见《习近平外交演讲集》第一卷,中央文献出版社 2022 年版,第 155 页。

人本身和社会的"发展进步"解释不同,便存在两种不同的文明观。

一种侧重于把文明解释为"事实判断"的描述性概念,认为文明即事实,描述的是人本身和人类社会发展进步的事实;发展进步是整个人类、国家、民族、人民为改变其现状而向前迈进的自我超越、自我完善、自我发展、自我进步过程;它具有多样性、包容性、互鉴性、平等性和普惠性,是一种"复数"多元文明;对文明的"价值判断"应建立在"文明事实"基础上;其哲学基础是"多样统一""主主平等""包容普惠"的哲学观。

另一种侧重于把文明仅仅解释为"价值判断"的所谓规范性概念,认为文明即价值,强调整个人类与国家、民族都应沿着确定的所谓"同一道路",朝着确定的所谓具有"同一性的至善至美的理想目标"迈进;具有文明优越感的"高尚民族"站在人类文明发展的制高点上,既具有掌握解释世界如何运转、人类历史如何进步的话语权,也应当文明开化"野蛮、愚昧的非文明民族",这是"他我"民族、国家裁定、改变所谓"非文明国家、民族"的"教化"过程。这样的文明具有一元性、评判性、否定性、改变性和统治性,是具有同一性标准的所谓普遍文明,是"单数"一元文明。这种对文明的解释具有意识形态性质,蕴涵着"西方中心论",或者说,它的底层逻辑是立足"西方中心论"。其哲学基础,就是"主客二元对立"或"主统治客"的哲学范式和线性史观。依据这种文明观,就会认为文明只属于欧洲种族,欧洲之外的其他国家、民族都处于"蒙昧、野蛮状态"。

这两种文明观具有许多本质区别:第一种文明观是复数文明观,强调文明多样、互学互鉴,第二种文明观是单数文明观,强调文明一元和文明冲突;前者注重"自我进步",后者注重"他我开化";前者属于"利他",后者属于"利己";前者具有"包容性",后者具有"排他性";前者强调"平等性",后者强调"统治性";前者注重"普惠性",后者注重"单赢性";前者能推动整个国家、民族与人本身的发展进步,后者却以牺牲别者、他者为代价;前者把"价值判断"建立在"客观事实"基础之上,是基于事实的文明,后者却使"价值判断"疏离"客观事实",是远离事实讲文明;前者的哲学基础是"线性史观",后者的哲学根基是"多样史观"。

显然,理解和把握文明的本质内涵及其与文化的相对区别,必须围绕人本身的发展进步和社会的发展进步这一主题,体现并彰显求真向善尚美,立足于复数文明观,破除单数文明观。

二、哲学视域下文化和文明的相对区别

依据上述从哲学上总体上根本上所理解的文明观,我们需要围绕人本身的发展进步和社会的发展进步,立足于复数文明观,体现并彰显求真向善尚美,来厘清文化和文明的相对区别。

一是指向相对不同。文化指向"人化",相对注重"外化";文明则指向"化人",相对注重"内化"。

文化和文明都注重"文",但从词源学意义来看,二者之间的

第五章　中国式现代化视域下文化和文明的相对区别及其重大意义

区别,首要在于"化"和"明"的区别。

文化是相对于未经人的活动外化的"原始自然"而言的,讲的是"人化自然"的"人化"过程,是人的内在本质力量的对象化活动、过程及其成果,亦即指以人文化成天下,它指向于"化自然",区别于"原始性"。就此而言,它定义了文化含义的走向。赫斯科维茨在《文化人类学》中提出:文化是一切人工创造的环境。也就是说,除了自然原生态之外,所有由人添加上去的东西都可称之为文化。克鲁伯和克拉克洪认为,文化就是体现于人工制品中的成就。巴特(R.Barth)把文化看成是人类对自然物质作用的过程。[1] 瞿秋白认为,文化是人类之一切"所作"。[2] 黄盛璋先生也认为,文化是人类对自然加工、改造即用劳动创造出来的在物质或精神方面的各种表现。[3] 赫斯科维茨、克鲁伯、克拉克洪、巴特、瞿秋白、黄盛璋所理解的文化,都具有"人化"的意义。就是说,一切人类的内在本质力量对象化活动的成果,在事实上统统可称之为文化。

"人化"与"外化"本质相同,文化注重"外化"。外化,指的是人类活动的过程和成果,是人的内在本质力量的外化、对象化,它主要作用于人之外的外部世界,并塑造外部世界;"文化"相对表现为人由内向外的内在本质力量的对象化活动过程及其成果,体现为"人对外部对象和事物的支配",相对注重"外化为物"。文化,首先是以"文"化人,使人成为掌握文化知识、科学技术的"知

---

[1] 参见方汉文:《比较文明学》第一册,中华书局2014年版,第236页。
[2] 参见《瞿秋白文集:政治理论编》第二卷,人民出版社2013年版,第278页。
[3] 参见方汉文:《比较文明学》第一册,中华书局2014年版,第240页。

识人",为其社会化做好基础性和前提性准备;然后,再以"文"化物,人运用所掌握的文化知识、科学技术改造自然、社会和人类,使人成为从事对象化活动的"实践人"。

文明则是相对于未经开化的"野蛮""丑恶"而言的,讲的是人类自身求真向善尚美的"发展进步"过程(向"明"),注重的是既符合历史发展规律又注重"化物为善"和"化人为善"的人本身的发展进步过程,它区别于"野蛮性"。文明这一概念,在词源学意义上不是针对人的一切"人化"活动及其成果而言的,而是针对野蛮、丑恶所提出的"明",它指向于对"人性"或"人本身"的教化和训育,即"化人"。费尔南·布罗代尔指出:就其新意而言,文明一般指与野蛮状态相对立的状态,其现代含义是进入开化状态的过程。[①] 近代西方力求走出中世纪的封建专制对人性压抑的野蛮而走向文明,文明概念由此提出,而文化概念所描述的对象之出现要比文明概念所描述的对象早得多。中国也是如此。中国人使用文明概念,较多是在化物为善、化人为善的人本身的进步意义上使用的,指的是文化中具有化物为善、化人为善的积极或肯定意义方面。巴特(R.Barth)就把文明看成是人类自身进步的过程和因素。黄盛璋先生也认为,文明是文化发展到一定高度,从而脱离野蛮状态的一个社会阶段。[②]

"化人"与"内化"本质相同,文明相对注重"内化"。内化,指的是人对外化或对象化成果的认识和接受过程,这一过程主要是

[①] 费尔南·布罗代尔:《文明史》,中信出版社2014年版,第36页。
[②] 参见方汉文:《比较文明学》第一册,中华书局2014年版,第236、240页。

作用于人本身的内部精神世界的过程,它注重对人本身的内部精神世界的塑造。换言之,文明,是从文化中汲取积极有益的成果用以塑造人本身与人的内在精神世界,使人成其为对社会发展进步发挥积极作用的文明人。文明人注重用文化中的积极有益成果修心养性,塑造人本身与人的内在精神世界,做出有利于人类进步、国家进步、社会进步、人本身进步的事情。因此,文明侧重的是由外向内的活动过程及其积极成果,表现为"人对其自身的支配",注重的是"内化成人"。文化人未必是文明人,未必是对社会进步和人本身进步有益的人,有些具有文化知识和掌握科学技术的人会为一己私利而做出对国家、社会、人民有害的事,这是文化之恶。由此,需要进一步把文化人塑造成文明人。

简言之,文化是人把自身的内在本质力量外化、对象化为成果。外化的成果有好有坏。文明是用文化中的积极有益成果塑造人类的内在精神世界,注重修心养性,修好人的人性和心性,塑造人本身;"文化"体现为"人对外部自然的支配",文明则体现为"人对自身内部精神世界的支配"。美国学者莱斯特·沃德(Lesster Ward)、阿尔比昂·斯莫摩尔(Albion Small)和巴斯(Barth)等人就认为,"文化"表现为"人对自然的支配",文明则表现为"人对其自身的支配"。

二是形态相对不同。文化呈现的是"实存样态",相对注重"在性"和"事实认知",文明呈现的则是"进步状态",相对注重"德性"和"价值评价"。换言之,文化指向一种事实意义上的存在样态,文明多指向一种价值意义上的进步状态。

文化，表达的是一切由人的活动而来的成果所呈现出的一种"实存样态"，它是一种事实意义上的"实存"，这种实存会呈现不同的"样态"。如中西的就餐方式就不一样，西方人吃饭多用刀叉，中国人吃饭多用筷子，这是中西饮食文化的不同，不能说哪个文明哪个不文明；西方相对注重用化学药物对病人进行快速"靶向治疗"，中医则相对注重用自然中的药材对病人进行慢慢的"整体疗理"，这是医疗文化的不同；西方人相对注重确权和分权，中国人相对注重系统整体和大一统，这是政治文化的不同；西方相对倡导主客对立，中国相对注重和而不同，这是哲学文化的不同。

文明则是一个国家、民族或人民存在样态或"实存样态"的"形象"呈现，是一个国家、民族或人民发展进步的"进步状态"。当今西方文化崇尚对立、冲突乃至暴力、战争，导致尔虞我诈、你死我活、赢者通吃、尸横遍野、人民痛苦，呈现的是"野蛮"形象；中华文明推崇的是协和万邦、兼济天下、世界大同、命运共同、美美与共，呈现的是各美其美、和平发展、合作共赢、包容普惠、幸福祥和的"文明"形象。

三是所重相对不同。文化相对注重差异，文明相对注重统一。

文化是一种基于民族性和地域性的概念，相对强调民族自我、民族特质、民族差异和民族认同，体现的是民族自我意识，强调地域差异和生活方式差异，它看重传统，注重差异和边界。人们常说的欧洲文化、西方文化、中国文化、印度文化，便是如此。托马斯·索威尔指出：不同的文化之间存在着多种差异，其中一种差异便是范围的不同。当然,它们在某些特征上也有所不同。①

文明也呈现民族特色及其独特性,但从整个人类的发展进步来讲,它更加注重民族间的统一性、交融性、互鉴性,注重民族或地域文明所具有的世界意义,它超越民族自我和边界,看重人性进步和交融统一。一定意义上,我们所讲的农业文明、工业文明、生态文明就是如此。亨廷顿指出:文明是最大的"我们",文明没有明确的边界。②

要言之,文化概念侧重于民族差异及其特有的群体认同,文明概念则一定程度地忽略了这些差异。诺贝特·埃利亚斯指出:文化侧重于民族差异及其特有的群体认同,而文明概念则不同程度地忽略了这些差异。③ 布鲁斯·马兹利什也指出:文化倾向于特殊的地方因素,文明则有普世情怀。④

四是性质和作用相对不同。文化有先进落后之分,文明多有特色不同。

各种文明也各有不足,世界上不存在十全十美的文明,也不存在一无是处的文明,但文明没有高下、优劣之分,只有特色、地域之别。尼采在《敌基督者》中指出,文明无非是精神纪律、自我克制;相反,文化则可以同社会颓废现象密切联系在一起。⑤ 黄盛璋先生也认为,文化可以有糟粕,文明只能为精华。考古证明,野蛮时代已有各类文化,但不能称为"文明",文明高于文化,且为综合于

---

① 参见托马斯·索威尔:《种族与文化》,中信出版社2023年版,第261页。
② 参见文扬:《文明的逻辑》,商务印书馆2021年版,第9页。
③ 参见诺贝特·埃利亚斯:《文明的进程》,上海译文出版社2013年版,第66页。
④ 参见布鲁斯·马兹利什:《文明及其内涵》,商务印书馆2020年版,第153页。
⑤ 参见尼采:《敌基督者》,生活·读书·新知三联书店2017年版,第120、190页。

精华的表现。某一时期、某一地区的文化即使再重要,也不能代表或称为文明。一个社会源远流长、根深蒂固的精神基础是文明,而不是文化。这表明有先进的文化,也有落后的文化,先进的文化促进人类进步、国家进步、民族进步、社会进步和人本身进步,落后的文化阻碍人类进步、国家进步、民族进步、社会进步和人本身进步。

文明,则是文化发展演进中沉淀下来的体现"求真向善尚美"且有助于人类进步、国家进步、民族进步、社会进步、人本身进步的"利他性"积极成果,是文化中的先进方面或先进的文化(如中华优秀传统文化),适合整个人类共用,它只有特色、地域不同,没有优劣之分。换言之,文明从根和元的意义上,描述的是整个人类"化物为善""化人为善"的"利他性"发展进步的客观事实。人类学家就往往把文明看成是社会进步所带给人类的积极成果。福泽谕吉也认为,文明就是把人类提高到高尚的境界,是人类交际活动的逐渐改进,是人的安乐和精神的进步,是人民德智的进步。[①]

当今西方文化蕴含的对立、冲突、暴力、战争,把人类社会带入危险境地,使整个世界处在动荡不安之中,第一次世界大战、第二次世界大战的发源地在欧洲和西方,西亚、北非、中东的地区冲突,俄乌军事冲突,巴以冲突,最终的根源在美国,正在挑起的台海冲突的根源也在美国。这种西方文化是蕴含着"恶"的文化。千百年后,人们必将为欧洲文明之野蛮而哀叹。中华文化主张协和万邦、兼济天下、世界大同、美美与共,有利于促进世界和平发展、合

---

① 参见福泽谕吉:《文明论概略》,商务印书馆 2024 年版,第 32—35 页。

作共赢、包容普惠,这是一种优秀的文化。伏尔泰就指出:人类文明是从中国开始的。文明是一种对人性之恶的约束、克制和规范,这种约束、克制和规范的方式有所不同,所以文明有特色、地域之别,但文明没有高下、优劣之分。只要属于文明,古今中外,都是有助于人类进步、国家进步、民族进步、社会进步和人本身进步的"利他性"积极成果,体现的是人类求真向善尚美的社会进步等各种进步的"利他性"方面。

正是在上述意义上,在文明和文化孰高孰低问题上,大多数学者认为,文明是文化发展到一定阶段的结果,文明高于文化。

五是关联性相对不同。文化常与"教化"、文化知识、科学技术、能力、做事等范畴相关,文明常与"教养"、行为素养、道德、做人等范畴相联。

当我们说到文化,首先呈现的是人们通过"教化"所掌握的文化知识、科学技术,如说一个人的文化水平,就多指他所掌握的文化知识和科学技术。然而,文化水平和文明水平并不能画等号,一个人文化水平高,并不完全等于他文明水平高,甚至存在着他用知识和技术去作恶之情境。这里有一个如何把文化知识、科学技术转化和提升为文明素养的问题。"教化""文化知识""科学技术""能力""做事"等,是谈论文化常用的标识性范畴。

文明关乎一个社会中的人之道德伦理、教养和行为素养。文明是通过道德法治、规章制度、行为规范、内心良知而呈现的一种社会教养。恩格斯所指出的文明是社会的事情,是一种"社会品质"(亦可理解为"教养"——笔者注),就是此意。如一个社会,人人言谈举止使人们感到优雅,为人处世使人们感到高尚,社会交往使人们感到舒坦,参与社会事业使人们感到受益,人人能基于仁义礼智信温良恭俭让从事利他性的个人活动和社会活动,那就是一个文明社会。如果一个个具有文化知识、拥有科学技术的人在公共场所乱扔纸屑、垃圾及吐痰,他就不是一个文明人。汉语中的"文明"一词较早出现在《易经》中,《易经·大有》就说:其德刚健而文明。《尚书·舜典》也说:濬哲文明,温恭允塞。"伦理道德""教养""修心养性""心性""德性""德行天下""善治""民主法治""公平正义"等,就属于谈论文明常用的标识性范畴。这里,文明与伦理道德本质相关,如果说二者有什么区别的话,那么,文明主要是针对野蛮行为而言的,而伦理道德主要是针对人和人之间的伦理道德关系而言的,它是文明的一种形态。

六是哲学根基相对不同。文化的哲学根基是知识论,文明的哲学根基则是德性哲学。

文化,相对侧重于在人和物关系框架中的"人化事物"或"人化为物",相对注重人类为了控制自然的力量以满足人类需要而获得的知识和能力,注重"为我"做事,注重外化于事物,坚持事物尺度。"理性""知识""技艺""科学技术""社会财富"等,是其常用的标识性范畴。它虽然也有"化人"之义,但其"化人"有积极和消极两个方面,积极方面是通过把文化转化为文明而化人的,在这个意义上,它就成为文明范畴。

文明,相对侧重于在人和人的关系框架中的"化物为善""化人为善",即使人成其为人的积极成果(由自然人到社会人再到具有健全人格的文明人），是一种人类"开化"性的自我确证、自我约束、自我完善、自我进步，它注重人类为了调解人和人的关系所需要的规章制度、行为规范和内心良知等，相对注重"利他"，是人和人之间互利有益的关系模式。文明，归根到底是人性之善对人性之野蛮的胜利。所谓文明，其精华是人类超越生存需求的求真向善尚美的精神追求及其成果。换言之，文明注重化人做人，注重内生于人、化人为善、德行天下，坚持人的尺度。"德性""德行天下""善治""伦理道德""民主法治""公平正义"等，是其常用的标识性范畴。它也有"人化"因素，但它是人化中因人性进步而具有的"利他性"发展进步的积极成果。

总之，文化不完全等于文明，文明也不完全等于文化，文化中蕴含文明但不都是文明，文明中有文化但并不等于所有的文化，文明是"文化之善"，是文化成果中有益于人性进步、人本身发展进步且化人为"善"的"利他性"的进步方面；文化是文明的前提，文明是文化的升华，文明源于文化又高于文化，对文化的超越且升华为"利他进步"的"真善美"，就是文明；文化主要回答"是什么"的问题，而文明则主要回答"好不好"的问题。

三、澄清当今西方把文化等同于文明的吊诡之计

之所以要从哲学上真正厘清文化和文明的相对区别，其旨向之一，就是要解开当今西方把文化等同于文明的吊诡之计，进一步

厘清中华文明、人类文明新形态的时代价值和世界意义。

第一，当今西方现代化从根本上开不出人类文明新形态。

当今西方现代化以西方中心论为核心支柱和底层逻辑，开不出人类文明新形态。我们决不否认西方现代化对人类文明进步的历史性贡献，然而，自从提出并确立西方中心论之后，自从西方文化异化为"帝国文化"之后，当今的西方现代化就开不出人类文明新形态。

从目标看，当今西方现代化追求的是资本增值，是稳居世界霸主的地位。以此为目标的西方现代化只能内生出所谓的资本文明、西方文明，内生不出人类文明新形态。

从道路、路径和方式看，西方认为只有西方现代化道路才是实现现代化的唯一道路，实质是倡导西方现代化道路或所谓西方文明，不是世界各国实现现代化的道路，也不是人类文明，开不出人类文明新形态。

从主体和动力看，当今的西方现代化没有真正把人民群众看作历史的主体和历史发展的动力，更注重的是资本的力量与少数精英的作用，这样的现代化开不出人类文明新形态。

从性质和立场看，当今的西方现代化是站在资本和资本家立场上，主要是把握资本家、少数资本利益集团的愿望，而不是站稳人民立场、把握人民愿望、尊重人民创造、集中人民智慧，这样的现代化开不出人类文明新形态。

从文明观看，西方立足于个人利益至上的市民社会，它所谓的文明只是单数文明，是"我"的文明，是"为我"的文明，开不出人类文明新形态。

从民族观看，西方把白人种族看作世界上最文明、最先进、最优秀的民族，他们是"主"，非西方世界的民族是"客"，属于蒙昧、野蛮、未开化的民族，主必须统治客，这样的种族优越论只能衍生出所谓的"帝国"文明，内生不出人类文明新形态。

从社会运行观看，西方对社会运行的总体看法就是社会进化论，认为"竞争进化""优胜劣汰"法则是人类社会普遍适用的治理法则，可以把这一法则全面贯彻到社会一切领域和现实的世俗化进程中，这样的社会进化论衍生不出人类文明新形态，内生出的只是一部分的发展以牺牲另一部分的发展为代价的所谓少数人文明，不是人类文明。

从评价尺度看，西方现代化所生长出来的西方中心论强调理性具有本质性、逻辑性、同一性、唯一性、普遍性、至上性、永恒性、绝对性、主体性、否定性，理性是最高尺度，一切都要到理性的审判台上加以评判，认为西方国家可依据理性制定具有控制世界最高权力的"世界标准"，并应当用这些世界标准裁量其他国家和民族，西方是这种万能理性的化身，这只能内生出具有主宰性、统治性的所谓西方文明，内生不出人类文明新形态。

从殖民扩张看，西方认为西方文明就是世界上最先进的文明，非西方国家、民族要么蒙昧，要么野蛮，要么不开化，西方世界需要行使上帝旨意下的"文明开化使命"，其手段和方式之一，就是实行殖民扩张，近代以来，西方一直用"文明和野蛮"二分法的强制性话语方式，为其"文明开化"辩护，其中蕴含着野蛮的基因，与文明、人类文明、人类文明新形态背道而驰。

从哲学根基看,当今西方现代化的哲学根基就是西方形而上学所蕴含的"唯一哲学"或"主客二元对立"哲学。从古希腊哲学到德国古典哲学,一直要为现实物质世界寻求作为最后本源、最高权威的形而上学的所谓"本体",把这一本体看作最高的"一",看作"主",认为它具有至高无上性和主体性,是主宰"多"或"客"的最权威的"主宰者",是统治现实世界的绝对的"终极存在",一和多、主和客是前者主宰、统治后者的二元对立关系。这种哲学是为"西方中心论"作论证的,内生出的是对立、冲突、暴力、战争,内生不出人类文明新形态。

第二,美西方主导的历史,一定意义上就是殖民主义扩张的历史,是导致整个世界陷入对立、冲突、暴力、战争的历史,不是构建人类命运共同体的历史。第一次世界大战、第二次世界大战的发源地主要在欧洲及西方;西亚、北非、中东的地区冲突、局部战争根源主要在美西方,俄乌军事冲突、巴以冲突的最终根源主要在美西方。美西方导致世界冲突、战争不断,致使尸横遍野,无数人流离失所、无家可归。这是西方文化之"野蛮",是美西方文化之"恶",它在本质上已经远离人类文明。

第三,文明在本质上与对人性之恶的约束、克制和规范有关,它针对的是野蛮。为遮蔽当今西方现代化、西方中心论所蕴含的野蛮,西方往往披上文明外衣。凡是与野蛮相对应的,都是文明概念所描述的,凡是背离文明且与"人化""外化"有关的事物和对象,总体上可以用文化来描述,不能归属于文明。现在到了清理、澄清和破除把文化等于文明的时候了。我们不否定西方文化中具有利于人类进步和社会进步的文明方面，甚至还要向这些文明方面学习。如西方那些历经沧桑、经久不衰而依然巍巍壮观、绚丽多彩、美丽动人的艺术性建筑，西方那种气势恢宏、光彩夺目且使人望而却步的图书馆，西方那种典雅且引人注目的大学等，都可以用文明来加以描述和阐释，但建立在沾满人们鲜血的基础上且以牺牲无数人的生命为代价的建筑除外。然而，我们需要揭示西方那种把本属于"文化的"说成是"文明的"，即把文化等同于文明的吊诡之计。实际上，在不少方面，西方往往以文明的名义作出许多野蛮的、龌龊的事，对此，我们要对"文明的名义"予以澄清和祛蔽。西方为发展大工业而破坏自然环境，搞殖民主义扩张，这不是工业文明，只是工业文化；西方以自由、民主、人权的名义制造国家之间、地区之间、民族之间的对立、冲突，这不是人类文明，只是西方文化对人类文明的背离；西方把大量工业废品倾泻到别的国家去，这不是生态文明，而是西方那种损人利己的文化；西方利用掌握的高科技、高精尖军事武器所导致的国家、民族之间的暴力、战争，这不是科技文明，而是战争文化；西方对本国公民之个人权利的尊重属于文明，但它所导致的其他国家的人民的死亡，却属于野蛮。威尔·杜兰特（Will Durant）就将文明比作一条蜿蜒流淌的溪流，指出它不时因杀戮、盗窃、喧嚣及其他夺人眼球的行为而变得血红；而在岸边，人们正在悄声无息地搭建房舍、繁衍后代、抚养儿童、颂歌赋诗，甚至从事雕刻艺术。在杜兰特对文明叙事的诠释中，那些发生在"河畔岸边"上的事情更加符合文明间关系的走向，而持续的压迫与杀戮只会使溪流变得更加污浊。① 西方把文化等同于文明,是人类文化和文明史上最大的吊诡之计。我们一些中国人把文明等同于文化,是人类文化和文明史上最大的迷误。我们一定要澄清把文化等同于文明和把文明等同于文化两种情景之迷误,解析和清理蓄意把文化和文明加以混淆的这种世界性迷思。

第四,西方推崇西方中心论且往往以文明名义作出野蛮之事,其手法之一,就是把文化说成文明。这种吊诡之计的内在逻辑是:起初,人们并没有自觉地把文化和文明区分开来,二者常常混在一起使用,缺乏认识自觉和理论自觉;后来,人们在认识上把文化和文明作些初步区分,认为文化主要指的是"人化",相对于原始自然,文明主要讲的是"化人",相对于"野蛮",但还没有达到高度的理论清醒、理论自觉;17世纪之后,由于海上环球航线的开辟,欧洲学者中有人便强调"民族自我意识",自觉主动地用"文明—野蛮"这种二分法来区分欧洲社会、欧洲种族与其他民族,将欧洲社会、欧洲种族视为文明,把其他民族看成有待教化的野蛮民族,由此形成了"欧洲中心主义",后进一步拓展为"西方中心论",具有高度清醒的认识自觉、理论自觉和实践自觉(一些学者指出,"在文明概念兴起的背景中,这一阶段欧洲的扩张是其因素之一","18世纪文明概念产生后,种族理论找到了一个宿主,有了安身立命之地","欧洲人透过种族优越的意象来看待自己与他者的关系,如果说存在一个概念,此概念又在这种意象中占据特殊地位,

---

① 参见布雷特·鲍登:《文明的帝国》,社会科学文献出版社2020年版,第295页。

那么此概念就是文明","文明起源于欧洲的优越意识"。以上观点表达了西方的自我意识,甚至可以说是国家意识,这种优越感,既可以是善意的形式,也可以是恶意的殖民的形式①);西方为了确立并维护"西方中心论",就凭借针对野蛮的文明而强调单数一元文明,认为文明只属于欧洲和西方,把自己所做的一切(包括其野蛮方面)都称之为"文明",欧洲和西方以外的其他国家和民族要么野蛮,要么不开化,因而欧洲、西方可以行使上帝旨意下的"文明开化使命";自提出"西方中心论"且把西方文化异化为"帝国文化"之后,就蕴含着野蛮的基因,在行使"文明开化使命"的历史进程中,西方也做出许多野蛮的事情,因为其哲学根基是"主客二元对立",而文明针对的是野蛮,为遮蔽这种野蛮,进而维护"西方中心论",西方就更加主动地行使这种"吊诡之计"——即"把文化等同于文明",用文明掩盖野蛮;西方曾蓄意地把文化同文明混淆,把文化说成文明,其实质,就是维护"西方中心论",遮蔽其龌龊甚至其所做出的令人发指的野蛮行径;文明的内涵从一开始的"不确定"走向后来的"确定",是由于西方中心论的出现,而极力维护"西方中心论",是西方把文化说成文明或把文化等同于文明这种吊诡之计的底层逻辑。汤因比在《历史研究》中,就以"文明"概念代替斯宾格勒在《西方的衰落》中反复使用的"文化"概念,亨廷顿也是如此。在西方国家,文化和文明的区别是很不明确的,甚至随时随地将二者任意替换,滥用现象十分严重,有些专家学者就

---

① 参见布鲁斯·马兹利什:《文明及其内涵》,商务印书馆2020年版,第32、68、70、107、145、146页。

是在确切知道文化和文明具有区别的情境下,将二者故意混淆的。厘清把文化说成文明或把文化等同于文明这种吊诡之计的内在逻辑,就有助于我们澄清文化和文明问题上的种种迷雾。

第五,中华文明是真正意义上的文明。在今天,中国式现代化因注重"主主平等普惠",能开出人类文明新形态。伏尔泰认为,人类文明就是从中国开始的,中国是欧洲的思想导师。他还强调,中国儒学的"性善"说与基督教的"性恶"说有本质区别,人类的"性善"才使他们在"爱神"之外,能够"以深厚的感情,去爱其祖国及其父母妻子",而西方民族的任何格言和教理都无法与"纯粹道德"相比拟,孔子常说仁义,若使人们实行此种道德,世上就不会有人们之间的互相攻伐了。他还援引传教士李明的话说:"中国遵循最纯洁的道德教训时,欧洲正陷于谬误和腐化堕落之中。"[1] 由此,他大声疾呼法国要"全盘华化",主张每个法国人都应该把"己所不欲,勿施于人"作为自己的座右铭。此外,魁奈、狄德罗、爱尔维修等也认为,中国是世界上唯一的将政治和道德结合的国家,中国的统治者明白要使国家繁荣,必须仰赖道德,中国的学说值得所有国家奉为楷模。[2] 霍尔巴哈也宣称,法国要想繁荣,必须以儒家的道德代替基督教的道德。[3] 然而,需要反思的是,我们一些人却往往把本来是"文明的",却说成是"文化的"。

第六,厘清文化和文明的相对区别,对深化文化和文明的研究

---

[1] 伏尔泰:《路易十四时代》,商务印书馆1982年版,第602页。
[2] 参见弗朗斯瓦·魁奈:《中华帝国的专制制度》,商务印书馆1992年版,第111页。
[3] 参见沈福伟:《中西文化交流史》,上海人民出版社1985年版,第452页。

乃至实现突破,对理解和把握人类文明新形态,具有十分重要的方向性意义。首先,需要回归文化和文明的本质。把文化等同于文明,实质上是夸大西方文化,而把文明等同于文化,实际上是轻视中华文明。当务之急,就是要回归文化和文明各自的本质,把西方文化之恶呈现出来,把中华文明之善彰显出来,使人们认识到西方文化和中华文明的本来面目。如文字、城市等,就主要属于"文化"范畴,而不是"文明"范畴。这里,应自觉清醒地识别"西方中心论"滥用文明概念的实质,即它把文明作为一种意识形态,以具有民族自我意识的"种族优越"自居而打压其他国家和民族,且掩盖其野蛮行径,最终走向了文明的反面。布鲁斯·马兹利什就指出:一些表述二元对立的概念必不可少。排斥和诋毁"他者"是一种基本的心理机制,借此来达到凸显自身的目的。文明是实现这一目的的一种方式(手段)。[①] 要颠覆这样的文明观,回归和重建上述我们所讲的第一种文明观,在人类求真向善尚美的进步意义上,在人本身的人性、心性、德性建设上,在"利他性"的"德行天下"意义上,来讲文明。其次,需要关切文化和文明各自的旨向。文化的旨向在于人化、外化及其成果,相对注重"外"和"物",注重人对外部世界的支配,注重人之外的外部世界的"成果"建设,而文明的旨向在于化人、内化及其成果,相对注重"内心"和"成人",注重人本身的内在情感世界、心理世界、心灵世界和精神世界的"德性"或"心性"建设。当我们讲到人本身的内在情感世界、心理

[①] 参见布鲁斯·马兹利什:《文明及其内涵》,商务印书馆2020年版,第10页。

世界、心灵世界和精神世界建设时,应自觉意识到这是文明建设之事。从文明的内涵之历史演变来看,就是如此。起初,文明是由"城市、组织、制度、规范和精神等"来定义的;之后,文明便在"野蛮—文明"二分法框架内加以解释,认为文明针对的是野蛮,体现的是一种具有"优越感"的民族自我意识;其后,便是基于"西方中心论"这一底层逻辑来定义文明,强调文明只属于欧洲和西方,欧洲和西方以外的国家、民族要么野蛮,要么不开化;当今,越来越多的专家学者,尤其是中国的专家学者自觉告别"西方中心论",立足人类社会或社会化人类,从更为广阔和更为美好的未来愿景来理解和把握文明,认为文明彰显的是人性内在求真向善尚美的过程及其积极成果,显示的是人在各种关系中的"利他性"的共同进步过程及其积极成果,展示的是人本身的发展进步和社会的发展进步过程及其积极成果,注重的是人本身的内在情感世界、心理世界、心灵世界和精神世界的"德性""心性"建设及其积极成果,要言之,文明实质上讲的就是"德行天下"。这是从历史发展看文明内涵的演变。布鲁斯·马兹利什指出:界定文明,必须首先将它作为一种历史现象,然后再强行赋予其实质。[1] 再次,文化和文明问题应相对而论,不能"大"而化之、"笼"而化之、"混"而化之,避免把文化问题说成文明问题,也避免把文明问题说成文化问题。论文明,中国相对早于西方,因为文明主要涉及的是伦理道德、化物为善、化人为善、德行天下,前有所述,伏尔泰就明确指出,人类文

---

[1] 参见布鲁斯·马兹利什:《文明及其内涵》,商务印书馆2020年版,第12页。

明是从中国开始的;论文化,西方成果相对丰硕,因为文化主要涉及的是文化知识、科学技术、创新能力。文明探源,既可以从哲学入手,也可以从厘清文化和文明的相对区别入手。这不失为文明探源工程的一条新路,值得关注,说不定会有重大突破。最后,通过对文化和文明相对区别的分析研究,可以揭示出一条"建设规律",即"由外向内建设规律"。一般而言,人们所注重的各种建设,大都是沿着"先外后内"的逻辑。从历史来看,中国对西方现代化的回应,是沿着"器物"—"制度"—"文化"的历史逻辑进行的,器物属于人之外的"外部世界建设"范畴,文化之中的"善"属于文明,这就开始走入人的内心精神世界的建设;从现实来看,1978年改革开放之初,我国相对注重物质财富的积累,相对注重人之外的物质世界的建设,中国特色社会主义进入新时代,我国就相对注重文化强国建设,开始走向人本身的内在情感世界、心理世界、心灵世界、精神世界的深处;从未来来看,整个人类的物质世界建设已经取得丰硕成果,如今最大的难题,就是人本身内在的情感世界、心理世界、心灵世界、精神世界出现了一时难以疗治的严重问题。这一规律给我们最大的启示就是,当务之急,整个世界的建设首要且必须注重的是"内""心"的建设,这是人类走向光明前景的正途。习近平文化思想的旨向之一,就是致力于人本身内在的情感世界、心理世界、心灵世界和精神世界的建设。

第六章

立足中国式现代化发展 21 世纪马克思主义

"发展 21 世纪马克思主义",是马克思主义理论研究领域的一个具有总体性、根本性、长远性、全局性、前沿性的重大问题,需加强全面准确深入研究,进而构建起直面当代中国和世界发展逻辑的 21 世纪马克思主义的总体框架,直面"21 世纪马克思主义何以可能"问题。

一、习近平提出发展 21 世纪马克思主义命题的逻辑脉络

首先需要厘清习近平同志提出发展 21 世纪马克思主义命题的逻辑脉络及其实质,这是基础和前提。

据相关权威文献进行统计,迄今为止,中央文献中提出"发展 21 世纪马克思主义"的命题,主要有 10 次。在阐释这些命题时所使用的关键词,是"作出努力""继续发展""开辟新境界""历史责任""观察时代、把握时代、引领时代""是"。"作出努力"同"历史责任"基本同义。"继续发展"与"开辟新境界"大致同理。"观察时代、把握时代、引领时代"有两个涵义,观察时代、把握时代讲的是"如何发展",引领时代讲的是"功能意义"。所以,习近平提出"发展 21 世纪马克思主义"命题或论断的基本脉络就是,"历史责任—继续发展—如何发展—引领时代—'是'的判定"。"历史责任"强调的是责无旁贷,必须为发展 21 世纪马克思主义作出努力,回答"为什么"要发展 21 世纪马克思主义的问题;"继续发展"强调的是与时俱进,不断开辟 21 世纪马克思主义新境界,把马克

思主义发展到 21 世纪所要求的时代水平,回答发展 21 世纪马克思主义应采取"何种思路"的问题;"如何发展"强调的是用马克思主义观察时代、把握时代,回答"如何发展"21 世纪马克思主义的问题;"引领时代"强调的是发展 21 世纪马克思主义是为了引领时代,回答发展 21 世纪马克思主义具有"何种意义"的问题;"是"的判定强调的是习近平新时代中国特色社会主义思想具有重要历史地位和世界地位,回答习近平新时代中国特色社会主义思想具有"何种地位"的问题。

这种逻辑脉络直面当代中国和世界的发展逻辑,是从学理上研究 21 世纪马克思主义的基本遵循。

二、发展 21 世纪马克思主义的历史必然性和时代紧迫性

习近平同志提出创新发展 21 世纪马克思主义这一重大命题,有其历史必然性和时代紧迫性。

在当今中国与世界,发展 21 世纪马克思主义既具有历史必然性,也具有时代紧迫性。认识并解释世界,首先要理解把握 21 世纪世界的总体图景。21 世纪世界的总体图景,呈现为"两个大局"相互交织激荡。其一是实现中华民族伟大复兴,是新时代中国发展的战略全局,其二是当今世界正遇百年未有之大变局。这"两个大局"相互交织激荡,使世界进入"新的动荡变革期",进而导致整个世界所谓的"不稳定不确定",乃至一定意义上出现"系统性

风险"。面对"百年变局""新的动荡变革""不确定""系统性风险"的世界发展逻辑,需要去认识并给出理论上的科学解释,谁能给出合理解释21世纪世界的科学理论体系,谁就能掌握解释21世纪世界的理论话语权。一个国家的强大也应是其思想理论及话语权的强大。因此,构建解释21世纪世界的科学理论体系并掌握话语权,就成为当今中国特色哲学社会科学,尤其是发展21世纪马克思主义迫切需要探究的一个重大理论课题。这是一个需要理论而且一定能够产生理论的世纪。这意味着要在守正继承与创造扬弃以往解释世界的理论的前提下,创新性发展反映21世纪中国发展逻辑和世界发展逻辑与整体图景的新的解释世界的科学理论,而且这种理论能观察时代、把握时代和引领时代,有助于"重构"世界新格局。只有这样,我们才能站在历史正确一边,掌握历史主动,进而引领21世纪的中国、世界和时代。

新自由主义在世界上曾经拥有理论话语权。然而,面对整个世界"两个大局"相互交织激荡及其带来的"新的世界动荡变革""不确定""系统性风险",它显得力不从心。新自由主义的核心是坚持个人至上,实质强调的是个人的权利、自由与力量。个人正当权利和自由当然要受到尊重,但有其限度。具有"单子性"的个人面对整个世界"两个大局"相互交织激荡及其带来的"新的世界动荡变革""不确定""系统性风险",意味着这是个体应对整体、个人应对世界,这种应对显得捉襟见肘。21世纪马克思主义越来越显示出解释21世纪世界的相对优势,它能为解释"两个大局"相互交织激荡及其带来的"新的世界动荡变革""不确定世界""系统性风险",能为重构世界新格局,贡献一种科学理论体系。21世纪马克思主义本质上注重人类的团结合作,注重整体的力量、集体的力量、国家的力量、人民的力量,它以系统整体、团结合作应对"世界的不确定""系统性风险",显得较为有效。在全球抗疫中,中国之所以取得重大战略性成果,从一个方面表明:在科学解释21世纪世界和时代问题上,21世纪马克思主义更具解释力。

三、新时代中国是21世纪马克思主义的主要实践发源地和理论策源地

发展21世纪马克思主义不仅具有历史必然性和时代紧迫性,而且也具有深厚的实践基础和基本依据。这实际上讲的是发展21世纪马克思主义的实践基础、基本依据、所具能力和核心主体问题。

世界上一些专家学者为发展21世纪马克思主义作出了重要贡献,他们是发展马克思主义的重要主体。21世纪国外马克思主义这一概念是有存在意义和价值的。然而,这都属于"21世纪的马克思主义"范畴。[①]

新时代中国是创新发展21世纪马克思主义的实践创新地和

[①] "21世纪的马克思主义",是指在21世纪存在的各种马克思主义流派的集合,"21世纪马克思主义"则是指这种集合中的主流、主体,是在21世纪起主导和引领作用并影响21世纪马克思主义发展的主体性、核心性科学理论体系。

理论策源地,当代中国共产党人是发展21世纪马克思主义的核心主体,这属于"21世纪马克思主义"范畴。

首先,党的十九大报告所讲的"三个意味着",是世界社会主义运动中心转移到当代中国的根本标志,是21世纪马克思主义立足中国、走向世界的根本依据。

其次,中国共产党是世界上具有长远视野、世界眼光、战略思维、使命担当的最大的政党,它领导的是世界上人口众多的大国,其领导的中国特色社会主义是最伟大的事业,新时代中国特色社会主义已融入并影响着世界历史进程;它领导的中华民族伟大复兴是世界百年未有之大变局的重要组成部分,是影响这一变局前途和走向的关键变量;它领导人民成功走出的中国式现代化新道路,创造了经济快速发展奇迹和社会长期稳定奇迹,创造了人类文明新形态,拓展了发展中国家走向现代化的途径,给世界上那些既希望加快发展又希望保持自身独立性的国家和民族提供了全新选择,也改变着世界现代化进程;它积极推动的构建人类命运共同体,为解决人类重大问题贡献了中国智慧、中国方案、中国力量;中国共产党百年奋斗,使马克思主义的科学性和真理性在中国得到充分检验,马克思主义的人民性和实践性在中国得到充分贯彻,马克思主义的开放性和时代性在中国得到充分彰显,马克思主义中国化时代化的这种成功,使世界范围内社会主义和资本主义两种意识形态、两种社会制度的历史演进及其较量发生了有利于社会主义的重大转变。由此,新时代的中国自然成为21世纪马克思主义的主要实践创新地和理论策源地。

最后,当代中国共产党人是发展21世纪马克思主义的核心主体。进入21世纪,在世界上真正高举马克思主义旗帜并展示马克思主义强大生命力的主要是中国共产党人。中国共产党人把马克思主义作为指导思想,把马克思主义在意识形态领域的指导地位作为一种根本制度。习近平同志是21世纪马克思主义立足中国、放眼世界、面向未来和胸怀"两个大局"的积极推动者,其提出的"政党治理""国家治理""全球治理""人类命运共同体理念""中国式现代化新道路、人类文明新形态",为世界提供了思想理论,为全球治理体系改革和建设贡献了中国智慧、中国方案。

四、21世纪马克思主义的研究对象

发展21世纪马克思主义之实质,就是继续推进马克思主义中国化时代化和世界化,继续加强21世纪马克思主义的学理化阐释与体系化建构,进而掌握解释21世纪世界的理论话语权。这就首先涉及如何真正厘清和科学界定21世纪马克思主义的研究对象这一基础性问题。

任何科学的理论体系都有其特定研究对象,明确其研究对象,可为科学理论体系的建构提供学理支撑。从21世纪马克思主义的科学体系建构来讲,首要的就是厘清21世纪马克思主义的研究对象。所谓研究对象,指的是一种科学理论体系在解析典型样本时所具有的边界性、范围性与总体性、根本性的主题、议题,即一种

科学理论体系所致力于解答的具有时代性的根本问题。问题是时代的声音,是时代的格言。一种科学理论体系所要解决的具有时代性的根本问题亦即研究对象,与它所处时代的时代背景、时代特征、时代课题直接相关。由此,可以运用大历史观与马克思主义中国化时代化分析框架,在准确认识何谓"19世纪马克思主义""20世纪马克思主义"和"21世纪马克思主义"的基础上,进一步审视它们所面对的时代背景、时代特征和时代课题。要揭示21世纪马克思主义的研究对象,首先要从19世纪马克思主义、20世纪马克思主义之研究对象及其历史演进逻辑谈起。这是当前深化21世纪马克思主义研究的一个生长点和突破口,对"发展21世纪马克思主义"至关重要。

(一) 19世纪创立的马克思主义之研究对象

1848年,马克思、恩格斯共同撰写的《共产党宣言》问世。这部闪耀着真理光辉的纲领性著作的出版,向全世界公开说明自己的观点、自己的目的、自己的意图,成为人类思想史上影响深远的伟大历史事件,也正式标志着马克思主义的诞生。

作为一个学术概念,马克思、恩格斯在19世纪创立的马克思主义可以称之为"19世纪马克思主义"或"经典马克思主义"。将其冠以该称号,绝非仅仅由于它创立于19世纪,更重要的是由于其理论发源地和实践策源地是当时世界历史发展的中心地带,其关于社会基本矛盾原理、人类社会发展规律原理、人类解放和每个人自由而全面发展原理、人类历史发展必然走向社会主义和共产主义的科学预见等,在今天依然彰显出旺盛且强大的解释力和生命力,且其推动的革命实践也真切地做到了"改变世界"。事实上,在19世纪世界上的其他地方,同样存在着马克思主义的思想,但由于这些马克思主义思想囿于科学性不强、体系化不够、实践效能不深、影响范围不广等,只能作为经典马克思主义的枝干、配角和补充,只能被统称为"19世纪的马克思主义"。而经典马克思主义在科学"解释世界"的前提下有效地"改变世界",时至今日仍然对世界历史进程发挥着重要影响和作用,当之无愧可以称之为"19世纪马克思主义"。

回溯"19世纪"的时代背景,其正处于资本主义发展势头较为强劲的历史阶段。18世纪开启的工业革命在19世纪得到进一步推进和发展,机器制造业几乎全面替代了传统手工业,社会生产力水平得到飞跃式提高。正如《共产党宣言》指出的那样:随着机器的采用、轮船的行驶、铁路的通行、电报的使用,"资产阶级在它的不到一百年的阶级统治中所创造的生产力,比过去一切世代创造的全部生产力还要多,还要大"[①]。社会生产力水平的提高促使资产阶级积累了大量物质财富,也使资产阶级在经济活动中占据主导地位,其社会影响力随之超越了传统的贵族阶层,其价值观与生活方式也成为当时社会中的主流。但是,资本主义的发展也导致诸多社会矛盾、阶级矛盾的爆发,最显著的就是无产阶级与资产阶级之间的对抗、冲突。因为无产阶级作为大工业本身的产物,会随着资本主义的发展而愈益增多,而资本主义的生产方式从根本上

---

① 《马克思恩格斯选集》第一卷,人民出版社2012年版,第405页。

说就是对剩余价值的占有,这种占有在社会中具体表现为对无产阶级的剥削与压迫。所以,资本主义的发展不可避免地导致无产阶级的增多,以及资产阶级与无产阶级之间冲突频次与程度的增加。在这个意义上,资本主义的发展限制了无产阶级的发展,也在一定程度上束缚了社会生产力的发展。恩格斯曾实地考察过英国工人阶级在资产阶级压迫下的悲惨生存状况,以此为依据撰写并出版了《英国工人阶级状况》。他在这部著作的开篇写道:"收集到的材料用来证明下面这件事是绰绰有余的:资产阶级,不管他们口头上怎么说,实际上只有一个目的,那就是当你们的劳动的产品能卖出去的时候就靠你们的劳动发财,而一到这种间接的人肉买卖无利可图的时候,就让你们饿死。"①在这种时代背景下,19世纪的时代特征可以描述为:资本主义的快速发展与资产阶级的迅速崛起,随之而来的便是工人运动的频发和社会冲突的加剧。

面对这样的时代背景、时代特征,马克思、恩格斯在《1844年经济学哲学手稿》《共产党宣言》和《资本论》等多部著作中,指明并批判资本主义社会的总问题,就是资本主义私有制限制生产力发展、资本占有劳动并控制整个社会,从而揭示出19世纪的重大时代课题,就是社会主义"必然取代"资本主义、社会主义如何由空想成为科学。对此,马克思、恩格斯进行了科学考察和理论论证,提出了诸多重大论断,其中最具代表性的,就是"两个必然"和"两个决不会"。这两大论断,在理论层面深刻揭示出社会主义取

---

① 《马克思恩格斯选集》第一卷,人民出版社2012年版,第82页。

代资本主义的历史发展规律,并阐明这一历史发展过程必然面临的复杂和曲折局面。

基于 19 世纪马克思主义所面对的时代背景、时代特征和时代课题可以看出,马克思、恩格斯把理论研究的目光聚焦于 19 世纪的资本主义社会,尤其是当时资本主义发展相对成熟的英国等西欧发达资本主义社会,以此作为基础样本和典型样本,深入考察资本主义的"现存处境"和"发展趋向"。其中所解答的根本问题主要是:资本主义为什么必然向社会主义过渡,如何实现人类解放和无产阶级解放,如何促进每个人自由而全面发展,等等。这些问题实质上可以被归结为,在资本主义私有制限制生产力发展、资本占有劳动并控制整个社会的时代背景下,如何使社会主义由空想成为科学,为何社会主义必然取代资本主义。这正构成 19 世纪马克思主义的研究对象。

(二) 20 世纪的马克思主义之研究对象

马克思、恩格斯在《共产党宣言》的序言中强调:这些原理的实际运用,随时随地都要以当时的历史条件为转移。与时俱进,既是马克思主义的理论品格,也是马克思主义基本原理实际运用的基本遵循,又是坚持和发展马克思主义的必由之路,还是马克思主义永葆生机活力的根本所在。

20 世纪是马克思主义"与时俱进"的世纪,也是科学社会主义由理论变为现实、由西方走向东方的世纪。自经典马克思主义在 19 世纪彰显出真理威力和道义力量以来,20 世纪的一些国家、民族开始关注马克思主义。其中一些国家、民族因为没有将马克思主义基本原理同本国具体实际相结合，不仅导致革命的失败，也未能在理论上得到创新发展。有些国家、民族运用马克思主义科学研判国情，坚持马克思主义基本原理同本国具体实际相结合，既在实践上成功引领社会主义革命、建设与改革实践，还能创新性地提出一系列新理论新思想新观点新方法新论断新结论，丰富和发展了经典马克思主义。列宁主义和毛泽东思想，正是在这一过程中创立的体现20世纪时代特征、反映20世纪时代要求、回答20世纪时代课题的马克思主义新形态，被冠以"20世纪马克思主义"的标识。

20世纪初，第一次世界大战爆发。遭受战争重创的俄国经济崩溃、人民生活贫苦，民众对封建专制政府的不满情绪激增，列宁和布尔什维克党提出"和平、土地、面包"的口号，迅速获得人民的广泛支持。在列宁领导下，"十月革命"爆发并取得胜利，在世界上建立了第一个以马克思主义为指导思想的社会主义国家，也使科学社会主义由理论成为现实。20世纪的世界面貌呈现出社会主义与资本主义"两制并存"的崭新图景。这一时期，俄国作为当时世界社会主义运动和发展的中心地带，成为创新发展马克思主义的解析样本，也推动马克思主义进入列宁主义阶段。从理论内容来看，作为20世纪马克思主义核心主体的列宁主义，继承和坚持了经典马克思主义关于人类历史必然走向社会主义等基本原理，又着眼于当时俄国的具体国情，创造性地提出小农经济占绝对优势的经济文化落后的俄国可以通过国家资本主义向社会主义间接过渡的思想。用列宁的话来概括其核心观点，那就是"一切民族都将走向社会主义,这是不可避免的,但是一切民族的走法却不会完全一样"①。

20世纪的另一个大国——中国,同样面临国家衰落、社会动荡、民生凋敝,正处于半殖民地半封建社会。许多阶级、团体、组织上下求索,发动了多次运动试图挽救国家的命运,譬如,封建阶级为了维护自身的统治地位而开展的洋务运动,资产阶级改良派施行的戊戌变法,以孙中山为领导者的辛亥革命等,但最终都未成功。"十月革命"一声炮响,给中国送来了马克思列宁主义。自马克思列宁主义传入中国以来,以毛泽东同志为主要代表的中国共产党人自觉运用马克思主义研判中国国情,主动将马克思主义基本原理同中国具体实际相结合,创造性提出诸如"农村包围城市、武装夺取政权""一切从人民出发""反对教条主义"等思想,创立了马克思主义中国化的第一个理论形态,即毛泽东思想。在这一思想引领下,中国共产党带领中国人民经过数年艰苦卓绝的斗争,实现了民族独立、人民解放,取得了新民主主义革命的伟大胜利,成功建立起了新中国。新中国成立后,毛泽东同志再次准确研判当时中国国情,认为中国仍属于小农经济或农业人口占大多数的经济文化相对落后的国家,需要分阶段、分步骤地逐步达成社会主义这一目标,从而创造性地提出党在社会主义过渡时期的总路线。在这一过程中,不仅顺利完成社会主义革命,确立起社会主义基本制度,还丰富和发展了毛泽东思想。从历史逻辑来看,马克思主义

---

① 《列宁专题文集·论社会主义》,人民出版社2009年版,第398页。

中国化的发展历程直接体现为马克思主义基本原理同中国具体实际相结合、同中华优秀传统文化相结合的过程。这种结合,在坚持马克思主义基本原理前提下为建设社会主义确立了立场、观点、方法,开辟了符合中国具体实际的发展道路,并指明了中国今后的发展方向,为马克思主义夯实了深厚的历史基础、理论基础、实践基础和群众基础,对于其更好发挥行动指南的指导作用具有根本性意义。

依据时代背景可以看出,20世纪前半场的时代主题是战争与革命,后半场的时代主题是和平与发展。20世纪的总体时代特征可以概括为:在社会生产力相对落后但已经建设社会主义国家的背景下,自由资本主义向帝国资本主义过渡并施行全球侵略和扩张,小农经济或农业人口占大多数的落后国家通过革命、建设和改革建设社会主义国家并推动社会主义发展壮大。不难发现,20世纪马克思主义所面对的时代课题已经由19世纪的社会主义"必然取代"资本主义,转换为社会主义"如何取代"资本主义。这也由过去单纯的涉及时间继起性问题,而转换为时间继起性基础上的空间并存性问题。由此,苏俄和中国作为20世纪世界社会主义运动的中心地带,便成为20世纪马克思主义解析的基础样本、典型样本。其中所涉及的根本问题是,在社会生产力相对落后但建设社会主义的背景下,在小农经济或农村人口占大多数的经济文化落后国家,如何使科学社会主义由理论变成现实、如何向社会主义过渡并建设社会主义、如何使科学社会主义理论和实践由西方走向东方。这正是20世纪马克思主义的研究对象。

（三）21世纪马克思主义的研究对象

时代是思想之母,实践是理论之源,时代转换和实践发展要求推进理论创新。21世纪,尽管我们已经进入了新时代,但我们依然处在马克思主义所指明的历史时代,这对马克思主义发展提出了新的更高要求。我们需要在坚持对19世纪马克思主义、20世纪马克思主义一脉相承的"守正"基础上,进一步与时俱进地"创新发展"马克思主义。党的十八大以来,以习近平同志为核心的党中央自觉担负起发展马克思主义的重大责任与历史使命,提出"发展21世纪马克思主义"这个对世界马克思主义前途命运具有总体性、长远性、战略性和根本性意义的重大论断,使"21世纪马克思主义"正式登场。

21世纪马克思主义是马克思主义在当代中国发展的新维度、新境界和新形态,也是马克思主义中国化时代化朝着世界向度的拓展。就是说,21世纪马克思主义虽然立足于当代中国这一伟大场域,但又不完全将理论视域局限于此,而是将眼光进一步拓宽为"两个大局"交织互动背景下的整个世界和人类。

依据上述界定,结合21世纪的时代背景、时代特征和时代课题可以看出,21世纪马克思主义的实践基础和典型样本是,"两个大局"背景下中国特色社会主义新时代和世界的走向,以及世界社会主义运动中心转移到当代中国引起的根本变化。[①] 其中涉及的根本问题是:在"两个大局"相互激荡背景下,中国如何由大国

---

① 参见韩庆祥:《21世纪马克思主义的基础性问题》,《中国社会科学》2022年第4期。

变为强国？科学社会主义如何在21世纪的中国焕发出强大生机活力？中国特色社会主义如何走向世界并彰显超越当代资本主义的显著优势？中国式现代化如何为人类实现现代化提供新的选择？如何建构中国自主的知识体系？这些影响21世纪中国与世界发展走向的根本问题，构成21世纪马克思主义的主要研究对象。

第一，关于中国如何由大国成为强国的问题。党的十九大报告提出"三个意味着"，第一个"意味着"就是："意味着近代以来久经磨难的中华民族迎来了从站起来、富起来到强起来的伟大飞跃"[①]。党的二十大报告进一步强调，"从现在起，中国共产党的中心任务就是团结带领全国各族人民全面建成社会主义现代化强国"[②]。从现实来看，当前人民的需要已经由过去的"物质文化需要"转变为"美好生活需要"，面对的社会问题由过去的"解决社会温饱问题"转变为"全面建成小康社会进而全面建成社会主义现代化强国问题"，中国的国际地位也由过去"相对靠后的世界排位"转变为"日趋走近世界舞台中央"，由过去的"世界失我"经"世界有我"再进一步走向"世界向我"。这些都标志着中国和中华民族迎来了从"站起来"向"富起来"的伟大飞跃，并且正在开启新一轮"强起来"的伟大历史进程，即踏上现代化强国建设的新征程。在一定意义上说，党的十八大以来，中国特色社会主义进入新

---

① 《习近平谈治国理政》第三卷，外文出版社2020年版，第8页。
② 习近平：《高举中国特色社会主义伟大旗帜　为全面建设社会主义现代化国家而团结奋斗——在中国共产党第二十次全国代表大会上的报告》，人民出版社2022年版，第21页。

时代,实质上就是进入"强国建设、民族复兴"的强国时代①(这里的"强国"是动词)。"强国时代"中具有基础性、全局性、战略性、根本性意义的问题,就是研究在当前"两个大局"相互交织的世界局势下,中国如何由大国成为强国,即揭示中国的"强国逻辑"。这正是21世纪马克思主义所面对的研究对象的第一个内容。

第二,关于科学社会主义如何在21世纪的中国焕发出强大生机活力的问题。20世纪90年代,随着东欧剧变、苏联解体,西方学者对社会主义的发展前景做出错误预估,杜撰出"历史终结论""社会主义失败论"等错误论调,宣称资本主义是人类社会发展的最终阶段。甚至在当时一些社会主义国家内部,也出现了不同程度的怀疑、否定社会主义的思想倾向。世界社会主义运动在这一时期陷入前所未有的低谷。然而,进入21世纪以来,尤其是进入新时代以来,以习近平同志为核心的党中央将科学社会主义理论与中国具体实际、中华优秀传统文化相结合,书写出经济快速发展和社会长期稳定的"中国奇迹"。由此,习近平同志指出:"可以说,我们用事实宣告了'历史终结论'的破产。"②科学社会主义重新在21世纪的中国焕发出强大生机活力,既在中华民族发展史上、新中国史上具有重大意义,也在世界社会主义发展史上、人类社会发展史上具有重大意义。因此,考察科学社会主义是如何在21世纪的中国重新焕发出强大生机活力的,就成为21世纪马克思主义研究对象的第二个内容。

---

① 参见韩庆祥:《强国时代》,红旗出版社2018年版,后记。
② 《习近平关于社会主义政治建设论述摘编》,中央文献出版社2017年版,第7页。

第三,关于中国特色社会主义如何走向世界并彰显超越当代资本主义的显著优势问题。马克思曾提出人类发展"三形态"理论,即从"人的依赖"到"物的依赖"再到"自由个性"。"人的依赖",指的是人依赖于血缘共同体及其权力,这是前资本主义社会中人的发展形态;"物的依赖",指的是人依赖于资本增殖和商品交换,这是资本主义社会中人的发展形态;"自由个性",指的是人自由而全面的发展,这是人类发展的最高阶段。当代资本主义的发展以"资本逻辑"为主导,直接表现为资本对人的统治和支配,即人对"物的依赖"。马克思、恩格斯以及之后的诸多社会主义者、共产党人,一直追求的就是通过"人本逻辑"以彰显人的自由个性,从而超越资本主义所蕴含的"资本逻辑"。但是,因种种原因,在由"资本逻辑"走向"人本逻辑"的历史进程中,却遭遇不少障碍。党的十八大以来,习近平同志建构起"人民至上"理念,致力于解决人民日益增长的美好生活需要和不平衡不充分发展之间的矛盾,即解决人民生活"好不好"、国家"强不强"的问题。新时代的中国特色社会主义,坚持以人民为中心的"民本逻辑",不断推进人的全面发展,彰显出超越资本主义的显著优势。这一问题作为当前社会主义国家乃至全世界迫切需要解决的重大问题,正构成 21 世纪马克思主义研究对象的第三个内容。

第四,关于中国式现代化如何为人类实现现代化提供新的选择问题。现代化潮流肇始于欧洲文艺复兴、宗教改革、启蒙运动,所谓的工业革命、自由市场经济、政治民主和人的自由,成为西方开启现代化正式的主要标志。在西方现代化历史进程中内生出了

"西方中心论",它具有强烈而鲜明的统治意识和霸权意识,不仅给世界现代化蒙上"现代化=西方化"的阴影,还直接导致西方国家与非西方国家、先发式现代化国家与后发式现代化国家,以及人与自然、人与社会、人与人之间的疏离、对立。在新中国成立以来,尤其是在改革开放的历史演进中,经过党的十八大以来理论和实践上的创新性突破,我们党成功创造并推进和拓展了中国式现代化。中国式现代化作为超越和突破西方现代化的全新现代化,既是对西方现代化负面效应的反思与解构,也是中国根据自身实际情况进行的实践创新和理论创新,蕴含着鲜明的整体性、人民性、协调性、共生性、和平性、自主性等突出特性。中国式现代化作为一种崭新的人类文明新形态,集世界意义与民族意义、普遍意义与特殊意义于一体,从而使中国走向世界,使民族的成为人类的,为世界其他国家探索适合本国国情的现代化道路提供了新的选择,为解决世界问题、人类问题贡献了中国智慧、中国方案、中国力量。由此,深入剖析"中国式现代化"及其世界意义,就构成21世纪马克思主义研究对象的第四个内容。

第五,关于如何构建中国自主的知识体系的问题。在过去很长一段时间里,西方自由主义拥有解释世界的绝对话语权,而我国学术理论却往往失语,缺乏"学术自我",存在"理论依附",总是用西方理论范式剪裁中国具体现实。当前,中国已经迈入强国建设新征程。一个国家或政党的强大,不仅体现在这个国家经济、科技、军事、金融的强大,更重要的是其思想理论及其话语权的强大。在21世纪,还没有哪一种西方理论、西方思想能够准确解释21世纪从而掌握 21 世纪话语权。这对于中国来讲,是难得的构建"中国学术""中国理论"与"学术自我""理论自我"的机遇期,是难得的建设中国自主的知识体系的机遇期。这里所说的中国学术、中国理论、中国自主的知识体系,可以"21 世纪马克思主义"的名义来表达。在这个意义上可以说,建构中国自主的知识体系,既直接指向发展 21 世纪马克思主义,同时也是 21 世纪马克思主义所关注和致力于解答的根本问题。这构成 21 世纪马克思主义研究对象的第五个内容。

总的来说,以习近平新时代中国特色社会主义思想为主体形态的 21 世纪马克思主义,将理论视界由"中国一域"拓展为"两个大局"相互交织背景下的"世界全景",将上述这些影响 21 世纪世界和中国发展走向的根本问题视为主要研究对象,并致力于对此作出科学解答。

五、阐释 21 世纪马克思主义丰富的理论内涵

发展 21 世纪马克思主义,在确定其研究对象之后,逻辑上就要厘清"21 世纪马克思主义"的基本内涵,这是展开学理研究的解释框架。其意义在于可以从"一团乱麻"中理出一个"清晰头绪",为人们理解 21 世纪马克思主义提供一种完整图景和解释。在没有把这一论断的基本内涵搞清楚的情况下,就谈论发展 21 世纪马克思主义问题,逻辑上不严谨,也往往事倍功半。

21世纪马克思主义与21世纪的马克思主义,是两个既相关又区别的概念。21世纪的马克思主义是在21世纪产生的各种各样的马克思主义,包括世界各国所产生的马克思主义流派,而21世纪马克思主义,则是引领21世纪世界社会主义运动、引领21世纪马克思主义发展的具有主导性、总体性的马克思主义,二者是"一"和"多"、"主导"和"支流"、"总体"和"部分"的关系。

这里只从"原体""关系""时间""空间""话语"五个角度,简要阐释21世纪马克思主义的基本涵义。从"原体"上,21世纪马克思主义首先是"马克思主义",马克思主义的根本立场、基本原理、方法原则、价值取向、理想信念和理论品格坚决不能丢,越是创新发展21世纪马克思主义,就越要坚持马克思主义。21世纪马克思主义以马克思主义为"本源"。从"关系"上,21世纪马克思主义是与现代化道路直接相关的概念,是在深刻反思西式现代化道路与拓展中国式现代化新道路、创造人类文明新形态基础上发展起来的。21世纪马克思主义,既要超越以资本为本体的各种现代性西方资本主义话语,更要书写好坚持以人民为中心的中国式现代化道路的新版本。从"时间"上,21世纪马克思主义以"世纪"为标识,贯通过去、现在和未来,与时俱进地把马克思主义发展到21世纪时代和实践发展所要求的新境界。从"空间"上,21世纪马克思主义是立足中国、胸怀天下、直面"两个大局"的马克思主义。从"话语"上,21世纪马克思主义是与解释和引领世界并掌握话语权相关的概念,是为观察时代、把握时代、引领时代、解释21世纪世界并掌握话语权所要贡献的科学理论体系。话语的背后是"道",要善于提炼标识性概念,打造易于为国际社会所理解和接受的新概念、新范畴、新表述。

六、21世纪马克思主义的时代课题

构建21世纪马克思主义,在厘清其解释框架之后,接着就必须厘清它所解答的世界性的时代课题。时代课题,本质上是时代精神的体现。

马克思当年最关注的,是资本主义的"现存处境"和"发展趋向",其关注的时代课题,主要就是社会主义"如何取代"资本主义,或者是社会主义取代资本主义的"历史必然性"。他提出的"两个必然"思想,最具代表性。这合乎马克思思考时代课题的逻辑。马克思毕生所关注的,就是基于人类历史发展一般规律,论证社会主义取代资本主义的历史必然性,其基点是注重"人类历史发展一般规律"。

列宁领导的十月革命,把科学社会主义由理论变为现实,在世界上建立起第一个社会主义国家。列宁从两个方面创新发展了马克思的科学社会主义:一是经济文化落后的国家可以首先通过政治手段建立社会主义,而马克思当年在理论上所思考的,主要是在生产力相对发达的资本主义国家如何使社会主义取代资本主义;二是社会主义可以先取得"一国胜利",马克思当年思考更多的是社会主义如何做到"多国同时胜利"。在这种情境下,列宁就必然思考这样的时代课题：小农经济占优势的经济文化落后的俄国向社会主义"如何过渡"。

十月革命一声炮响，给中国送来了马克思列宁主义。1956年，我国建立了社会主义基本制度，不仅把科学社会主义由理论变成现实，而且也使科学社会主义由西方走向东方。1956年以后，以毛泽东同志为主要代表的中国共产党人所集中思考和探索的主要时代课题，就是农民为多数的落后中国建设社会主义应采取"何种道路"。

1978年改革开放以后，我国进入改革开放和社会主义现代化建设新时期。以邓小平同志为主要代表的中国共产党人所探索的时代课题，主要是"如何建设"社会主义，把不"够格"的社会主义建设成"合格"的社会主义。因为他们认为当时中国的社会主义依然处在初级阶段，社会生产力不发达，是一个不"够格"的社会主义。所以，"如何建设"社会主义，自然成为以邓小平同志为主要代表的中国共产党人所要解答的时代课题。

21世纪马克思主义的实践基础及其典型样本，是"两个大局"交织互动背景下中国特色社会主义新时代和世界新走向，是世界社会主义运动中心转移到当代中国引起的根本变化。由此，它要面对和解答的世界性时代课题是：如何直面和解释"两个大局""交织互动"、社会主义和资本主义"两制并存"、当代中国和世界发达国家既竞争又合作背景下的"变革重构"？如何以中国式现代化、人类文明新形态与构建人类命运共同体超越资本主义历史局限，展示社会主义现代化的优越性，为解决"世界向何处去"重大问题贡献中国智慧、中国方案、中国力量？可以说，作为21世纪马克思主义的习近平新时代中国特色社会主义思想，十分注重并积极解答上述时代课题。

七、21世纪马克思主义解决的根本问题

"时代课题"是从总体性上谈的，是管总的；把"时代课题"具体化，就是"根本问题"。

问题是时代的声音，是时代的格言，它以问题的形式体现和表达着时代精神和时代课题。时代课题蕴含着所应解决的根本问题，根本问题是时代课题的具体体现。这涉及21世纪马克思主义的研究对象和本质功能问题。

依据时代特征和时代课题，可以简要地把21世纪马克思主义所解决的根本问题概括为：人民生活"美好不美好"？国家"强不强"？世界"和平不和平"？中国共产党自身"硬不硬"？马克思主义"如何具有生机活力"？换一种话语表述，就是为中国人民谋幸福、为中华民族谋复兴、为世界谋大同、为中国共产党谋强大、为马克思主义谋生机。这"五大根本问题"为什么是影响21世纪中国与世界发展命运的根本性问题？主要有三大依据。

第一，以《中共中央关于党的百年奋斗重大成就和历史经验的决议》（简称《决议》）为依据。《决议》全面深刻阐述了中国共产党百年奋斗的五大历史意义。这是从长远视野、宽广视野、整体

视野和纵深视野,阐述中国共产党百年奋斗所"要干"的五大伟业及其伟大意义,实际上也讲的是中国共产党百年奋斗所致力于解决的具有重大战略意义的"五大根本问题"。

第二,以治国理政致力于解决的社会主要矛盾为依据。社会主要矛盾在党中央治国理政中具有十分重要的地位,它是党中央判断我国国情的主要依据之一,是判断我国社会发展总体状况的主要依据之一,是党中央制定政策的基本依据,是党中央治国理政的基本遵循。中国特色社会主义进入新时代,我国社会主要矛盾历史性地转化为人民日益增长的美好生活需要和不平衡不充分的发展之间的矛盾。社会主要矛盾的前半句,实质上是要解决人民生活"美好不美好"的问题,后半句实质上是要解决国家"强不强"的问题。解决这两大根本问题是新时代中国共产党人所打的坚硬的"铁",打铁必须自身硬!要解决这两个根本问题,要求中国共产党人自身必须硬,这意味着还要解决中国共产党自身"硬不硬"的问题。习近平同志治国理政还具有世界眼光和战略思维,他放眼世界,直面世界百年未有之大变局,谋求世界和平发展、合作共赢,其实质就是要为世界谋大同、为人类谋进步。马克思主义的发展命运,是习近平同志特别关切的一个根本问题。中国共产党为什么能、中国特色社会主义为什么好,归根结底是因为马克思主义"行"。中国共产党百年奋斗的历史经验,其中一条就是坚持理论创新,这涉及马克思主义中国化的根本问题。中国共产党在理论和意识形态上的根本问题,就是马克思主义中国化问题。所以整合起来,习近平治国理政最为关切的就是上述所讲的"五大根本问题",其实质就是为中国人民谋幸福、为中华民族谋复兴、为世界谋大同、为中国共产党谋强大、为马克思主义谋生机。

第三,以习近平总书记重要讲话文本为依据。其中最具代表性、典型性的重要讲话,当属2012年11月15日习近平同志当选我党的总书记之后发表的重要讲话。该讲话的核心内容是三个"重大责任",即为民族担当、为人民担当、为党担当。进一步深入分析,这三个"重大责任",实际上分别讲的是要解决国家或民族"强不强"、人民生活"美好不美好"、中国共产党"硬不硬"三大根本问题。实现中华民族伟大复兴是中国共产党百年奋斗的根本主题,是我国发展的战略全局,这是影响中国发展命运的一个根本问题,可称之为国家"强不强"的问题。习近平同志强调:"以前我们要解决'有没有'的问题,现在则要解决'好不好'的问题。"[1]这里的"好不好",主要指解决人民生活"美好不美好"这一根本问题。党的十八大以来,习近平同志三番五次强调:"打铁必须自身硬!"这实质上讲的是中国共产党"硬不硬"的问题。《决议》中讲党的百年奋斗的历史意义和历史经验这些核心问题,都涉及马克思主义生机活力问题。党的十八大以来,习近平同志每当在关键场合和场景中,都谈到发展21世纪马克思主义的重大意义。这实际上关乎新时代的中国为引领世界社会主义运动、引领时代、引领世界贡献中国智慧、中国方案、中国理论这一根本问题。也就是说,马克思主义亦是影响中国发展命运的一个根本问题。归结起来,21

---

[1] 《习近平谈治国理政》第三卷,外文出版社2020年版,第133页。

世纪马克思主义就是要聚焦于解决人民生活"美好不美好"、国家"强不强"、世界"和平不和平"、中国共产党"硬不硬"、马克思主义"是否具有生机活力"这"五大根本问题",其实质就是为中国人民谋幸福、为中华民族谋复兴、为世界谋大同、为中国共产党谋强大、为马克思主义谋生机。

八、用 21 世纪马克思主义观察时代、把握时代、引领时代

这实质上是搞清楚 21 世纪马克思主义的"本质特征"或"时代特征"与"理论功能"问题,进而理解和把握发展 21 世纪马克思主义的思路和方式,这属于解释世界和改变世界的范畴。

(一)用 21 世纪马克思主义观察时代、把握时代:解释世界

厘清 21 世纪的"时代特征",其逻辑起点是"两个大局"交织互动、相互激荡。21 世纪世界的"时代特征",可概括为"两个大局"交织互动、相互激荡及其导致的世界"新的动荡变革""不确定"与"重构"。2008 年国际金融危机导致西方资本主义国家遭遇困境,实现中华民族伟大复兴引起的世界力量转移,新冠病毒感染疫情全球大流行,新科技革命和产业革命,新兴市场国家,逆经济全球化的力量,冷战后世界秩序的重建等,是影响"世界百年未有之大变局"的"主要变量"。这里的主要变量,蕴含着唯物史观所讲的"生产力""生产关系""经济基础""上层建筑"等结构性要素。新科技革命、产业革命与新兴市场国家,与"生产力"相关,

2008年国际金融危机导致的西方资本主义国家遭遇困境,与资本主义"生产关系"有一定关系,实现中华民族伟大复兴引起的世界力量转移、新冠病毒感染疫情全球大流行和逆经济全球化的力量、冷战后世界秩序的重建,总体上与生产力、生产关系、经济基础、上层建筑都相互关联。实现中华民族伟大复兴是新时代我国发展的"战略全局",其历史进程不可逆转。21世纪世界正遇百年未有之"大变局",这"两个大局"交织互动、相互激荡。实现中华民族伟大复兴必然影响着世界百年未有之大变局,它本身就是世界百年未有之大变局的重要变量,世界百年未有之大变局也会不同程度上影响着实现中华民族伟大复兴的历史进程。世界百年未有之大变局,指的是21世纪世界正在进行"大发展、大变革、大调整"。这三个"大"必然导致世界之"变",即世界力量在转移,世界体系在调整,世界话语在重构,人类文明在重建(它表达和体现的是"世界力量的变局""世界体系的变局""世界话语的变局""人类文明的变局"等),进而导致整个世界进入习近平同志所讲的"新的动荡变革期",致使整个世界存在诸多"不稳定不确定"。这里的"不确定",集中体现为:世界变化越来越复杂;世界变革越来越激烈;世界分化越来越深刻;世界发展方向越来越多变;世界变动的偶然性越来越突出;世界未知范围越来越广大;世界博弈导致国家间越来越失去信任;人类迷茫感无力感越来越凸显。"大发展、大变革、大调整""新的动荡变革""不稳定不确定",也会影响实现中华民族伟大复兴的历史进程。因此,世界百年未有之大变局与实现中华民族伟大复兴战略全局交织互动、相互激荡及其导致的世界"新的动荡变革""不确定"与"重构",便构成21世纪世界的"本质特征"或"时代特征"。

我们要用21世纪马克思主义观察时代、把握时代,就首先要理解和把握其"时代特征",即理解和把握"两个大局"交织互动、"新的动荡变革"、"不确定"与"重构"。

(二)用21世纪马克思主义引领时代:改变世界

这实际上讲的是发展21世纪马克思主义的能力、作用和意义问题,属于改变世界的范畴。

"两个大局"交织互动、相互激荡,是在社会主义和资本主义"两制长期并存"格局中发生的。虽然目前整个世界正朝着有利于社会主义的方向发展,然而社会主义与资本主义"两制并存"仍是一种长期现象。如何在"两制并存"的"百年变局"中正确处理中国与世界的关系、社会主义与资本主义的关系,有效应对大变局带来的不确定及其出现的世界性难题?要言之,如何解答"世界向何处去"这一重大问题?这迫切需要具有世界意义的创新性科学理论——发展着的21世纪马克思主义来引领。

随着新时代中国特色社会主义日益成长,习近平新时代中国特色社会主义思想不仅有力引领着实现中华民族伟大复兴战略全局,而且也会越来越显示出其解决"世界向何处去"问题的能力和作用。习近平新时代中国特色社会主义思想顺应世界发展大势和时代发展潮流,提出了中国式现代化、人类文明新形态与构建人类命运共同体这种具有引领力的中国智慧、中国方案、中国理论。

第一,中国式现代化是解答"世界向何处去"的答案,能为21

世纪世界发展开辟一条新路。中国式现代化首先是社会主义道路,它坚持以人民为本,走共同富裕道路,超越了以资为本的西方式现代化道路;它是物质文明、政治文明、精神文明、社会文明、生态文明协调发展的现代化道路,超越了单向度工业文明的现代化道路;它是整合党的领导力量、人民主体力量、市场配置力量并形成合力的现代化道路,超越了以资本力量主导为根本逻辑的现代化道路;它是具有时代性、开放性、包容性、创新性的与时俱进的现代化道路,超越了"一元主导"的排他性、对抗性的现代化道路;它是坚持和平发展、合作共赢与人类命运共同体的现代化道路,超越了那种"你输我赢""赢者通吃"的现代化道路。显然,中国式现代化新道路为解决"世界向何处去"问题展现出光明的前途。

第二,中国式现代化所创造的人类文明新形态能为"世界向何处去"展现光明前景。人类文明新形态,超越了以物为本、以资为本的资本主义文明,坚持以人民为中心,是体现人类发展一般规律的社会主义文明(民本文明);它超越以个人至上、资本主导、西方中心为支柱的文明,是以以人为本、构建人类命运共同体为核心的中华民族现代文明(类本文明);它超越单向度、不协调的工业文明,是集物质文明、政治文明、精神文明、社会文明、生态文明于一体并协调发展的全面文明(全要素文明);它超越那种以"主客对立"为范式的冲突性文明,是以"主主平等"为范式的普惠文明(和合文明)。显然,中国所创造的人类文明新形态优越于以资为本的资本主义文明,优越于以个人至上、资本主导、西方中心为支柱的文明,优越于那种单向度的工业文明,优越于以"主客对立"

为范式的文明。

第三,构建人类命运共同体为解答"世界向何处去"贡献了中国智慧和中国方案。简要说,哲学意蕴上的构建人类命运共同体,倡导并注重"多样性统一"的世界观,立足"社会化人类"构建人类共建共治共享共同体的世界大同观,任何国家在主权、规则、机会上应当平等的国家观,和平发展、合作共赢的"互利普惠"的义利观,"五大文明协调发展""文明互学互鉴"的文明观。

显然,作为21世纪马克思主义的习近平新时代中国特色社会主义思想,以中国式现代化、人类文明新形态与构建人类命运共同体,超越资本主义历史局限,为参与全球治理体系改革和建设、推动国际秩序"由变到治"、解答"世界向何处去",贡献了中国智慧、中国方案、中国理论,有能力引领世界和时代的发展。

九、习近平新时代中国特色社会主义思想是21世纪马克思主义

这是对习近平新时代中国特色社会主义思想的历史地位和世界地位的政治判定问题。

提出"习近平新时代中国特色社会主义思想是21世纪马克思主义"这一论断,具有丰富的内涵。完整来讲,有四层涵义。

就与19世纪马克思主义、20世纪马克思主义的关系而言,作为21世纪马克思主义的习近平新时代中国特色社会主义思想是

马克思主义,它牢固坚守 19 世纪马克思主义、20 世纪马克思主义的根本立场、基本原理、方法原则、价值取向、理想信念和理论品格;同时它又以"世纪"为标识,立足中国、放眼世界、面向未来,与时俱进地进一步发展了 19 世纪马克思主义、20 世纪马克思主义,把马克思主义发展到 21 世纪世界、时代发展所要求的水平。

就当代中国马克思主义和 21 世纪马克思主义的关系而言,21 世纪马克思主义、当代中国马克思主义是习近平新时代中国特色社会主义思想在时空上相对不同的表达。习近平新时代中国特色社会主义思想作为当代中国马克思主义,是改革开放以来创立发展起来的中国特色社会主义理论体系之集大成者,侧重于马克思主义中国化,关乎实现中华民族伟大复兴的前途命运;习近平新时代中国特色社会主义作为 21 世纪马克思主义,指中国特色社会主义进入新时代,实现了马克思主义中国化时代化新的飞跃,同时在以大历史观全面把握"两个大局"的基础上开启了其世界向度和未来向度,侧重于中国特色社会主义、当代中国马克思主义的世界化时代化向度,关乎新时代中国特色社会主义的世界意义和世界社会主义的发展前景。也就是说,习近平新时代中国特色社会主义思想既是当代中国马克思主义,它是马克思主义中国化的最新理论创新成果,是当代中国马克思主义的最新理论创新成果,因而具有"中国意义",同时又是 21 世纪马克思主义,是当代中国马克思主义世界化时代化的最新理论创新成果,具有"世界意义""时代意义"。

就整个世界而言,21 世纪的马克思主义包括 21 世纪的中国马克思主义和21世纪的国外马克思主义。习近平新时代中国特色社会主义思想是21世纪的中国马克思主义主体性的理论形态，同时又是21世纪的世界马克思主义核心的理论形态。

就21世纪马克思主义本身而言，习近平新时代中国特色社会主义思想是21世纪马克思主义核心的理论形态。世界其他各国的专家学者都可以为发展21世纪的马克思主义作出重要贡献，也是发展21世纪的马克思主义的重要主体。习近平新时代中国特色社会主义思想，就其中心重镇、实践基础、时代特征、时代课题、理论自觉、历史贡献、世界影响而言，它是21世纪马克思主义核心的理论形态。习近平新时代中国特色社会主义思想基于新时代中国是21世纪马克思主义的实践创新地和理论策源地这一实践基础，反映"两个大局"的交织互动、相互激荡及其不确定的"时代特征"，以高度的理论自觉致力于解决"两个大局"背景下社会主义和资本主义的关系，深刻回答"世界向何处去"这一时代课题，其提出的中国式现代化、人类文明新形态与构建人类命运共同体理念，为解决人类重大问题贡献了中国智慧、中国方案、中国理论，深刻影响着世界历史进程，因而成为21世纪马克思主义核心的理论形态，并引领21世纪马克思主义的发展。

十、建构21世纪马克思主义的总体框架

基于上述思考分析，可简要地构建起21世纪马克思主义的总

体框架,亦即21世纪马克思主义的基本雏形。这一基本雏形,以习近平新时代中国特色社会主义思想为基础与核心,以新时代中国发展逻辑和世界的发展逻辑为支撑,从实践基础、时代特征、时代课题、根本问题(研究对象)、本质功能和基本内涵等方面展开:(1)实践基础,就是新时代中国是21世纪马克思主义的主要实践发源地和理论策源地,因而要立足新时代中国、放眼世界。(2)时代特征,就是21世纪世界的"时代特征",可概括为"两个大局"交织互动、相互激荡及其导致的"新的动荡变革""不确定"与"重构"。(3)时代课题,就是它要直面和解释"两个大局"交织互动、社会主义和资本主义"两制并存"、当代中国和世界发达国家既竞争又合作背景下的"变革重构",要以中国式现代化、中国式现代化的文明形态、人类文明新形态与构建人类命运共同体超越资本主义历史局限,展示社会主义现代化的优越性,为解决"世界向何处去"重大问题贡献中国智慧、中国方案、中国力量。(4)根本问题,亦即研究对象,就是致力于解决人民生活"美好不美好"、国家或民族"强不强"、世界"和平不和平"、中国共产党自身"硬不硬"、马克思主义"如何具有生机活力"等根本问题。(5)本质功能,就是致力于为中国人民谋幸福、为中华民族谋复兴、为世界谋大同、为中国共产党谋强大、为马克思主义谋生机。(6)基本内涵,就是21世纪马克思主义博大精深、内涵丰富,可从"原体""关系""时间""空间""话语"五个维度进行完整理解和把握。

结语

基于中国式现代化研究 21 世纪马克思主义

1979年,我考入郑州大学哲学系学习哲学,初步接触到马克思主义哲学。

1983年,我考取吉林大学哲学系马克思主义哲学专业硕士研究生,开始系统研读哲学经典著作。马克思主义哲学能使我们用"两只眼睛"看世界,即肉眼与心眼(思想观念)、感性与理性、抽象与具象、规范与实证、真理与价值、宏观与微观、部分与整体、道与术,等等。

从吉林大学毕业后,我考入北京大学哲学系攻读哲学博士学位,专业是马克思主义哲学发展史,导师为黄楠森教授。黄楠森教授的"经典阅读""史学研究"与严谨治学、人格魅力对我影响很大。在北京大学3年,我不仅深读马克思主义经典著作,而且也读西方经典著作,研读马克思主义哲学发展史,较为系统地厘清了马克思主义发展的历史脉络。北京大学培育并滋养了我学术上的独立思考意识和探索精神。

在北京大学求学期间,我还到莫斯科大学做了一年访问学者,回国后就到中央党校哲学教研部工作,被分配到马克思主义哲学发展史教研室,继续深入研究马克思主义发展史,进一步厘清19世纪马克思主义、20世纪马克思主义的演进逻辑。中央党校对我的影响主要体现在五个方面:系统研读经典,铺就学术之基;注重史理研究,开拓学术新篇;学习党的理论和路线方针政策,理解和把握中国共产党治国理政的运作机理;深入中国现实社会,读实践这本"无字之书",深入理解和把握当代中国发展的现实逻辑;避免浮躁,潜心并专心致志做好学术研究,注重成果质量,推出精品佳作,提出独到学术见解。

党的十八大以来,中国特色社会主义进入新时代。2015年12月,在全国党校工作会议上,习近平总书记指出,党校要根据时代变化和实践发展,加强理论总结和理论创新,为发展21世纪马克思主义、当代中国马克思主义作出努力。作为党校的理论工作者,我就开始思考研究21世纪马克思主义问题了。

概述之,我的学术研究历程,大致经历了从哲学研究到人学研究,经人的能力问题的哲学研究,到当代中国政治哲学研究,再到马克思主义整体性研究,进而到习近平新时代中国特色社会主义思想和中国道路之哲学根基研究,直到当今注重21世纪马克思主义研究等几个阶段。这种学术研究环环相扣、步步深入、逻辑严密,构成一个有机整体。

一、为何研究21世纪马克思主义

习近平总书记虽是从政治角度提出发展21世纪马克思主义这一重大论断,但其中蕴含着重要的学理价值和理论意义。

一是政治建设的需要。通过"两个结合"推进理论创新,是我们党理论建设的一条基本经验。中国特色社会主义进入新时代,我们党需要继续推进马克思主义中国化时代化进而推进理论创新。这就需要我们党与时俱进地观察时代、把握时代、引领时代,开辟马克思主义中国化时代化新境界,使其达到21世纪时代发展所要求的水平,其旨向之一,就是发展21世纪马克思主义。

二是实践发展的要求。就新时代的中国而言,全面建设社会主义现代化国家、全面推进中华民族伟大复兴是新时代的新征程新实践;就21世纪的世界而言,我们要直面世界百年未有之大变局。"胸怀'两个大局',做好自己的事情",是实践发展的新要求。新时代"做好自己的事情",就是要让创新理论植根于实践发展之中。理论创新是多方面的,就发展马克思主义而言,主要是在传承19世纪马克思主义、20世纪马克思主义的根本立场、基本原理、方法原则、价值取向、理想信念的基础上,发展21世纪马克思主义。

三是反映世界社会主义运动发展的需要。党的十九大报告提出的三个"意味着",表明21世纪世界社会主义运动的中心已经历史性地转移到新时代的中国。世界社会主义运动的中心转移到哪里,创新发展21世纪马克思主义的生长点、发展源与中心重镇就转移到哪里。这是一个需要理论而且一定能够产生理论的时代,是一个需要思想而且一定能够产生思想的时代。因而,新时代中国共产党人和理论工作者应当义无反顾地肩负起发展21世纪马克思主义的神圣职责。由此,近年我便把学术研究聚焦于21世纪马克思主义。

二、什么是21世纪马克思主义

21世纪马克思主义属于"建构"性范畴,是需要建构起来的。

建构21世纪马克思主义,首先要搞清楚21世纪马克思主义是什么样的马克思主义。

21世纪马克思主义,首先是传承马克思主义基因和本质的马克思主义。它与马克思主义是"同一家族""同一基因",马克思主义的根本立场、基本原理、方法原则、价值取向、理想信念不能丢,否则21世纪马克思主义就不是马克思主义了。

21世纪马克思主义,本质上是关于现代化道路和人类文明进步的马克思主义。马克思主义从来都是与现代化道路和人类文明进步本质相联的范畴。推进马克思主义中国化时代化的实践维度,从根本上就是寻求并确立中国实现现代化的正确道路,尤其是中国式现代化道路。19世纪马克思主义从根本上是致力于批判和超越"资本现代性"的逻辑,进而走向"人本逻辑";作为20世纪马克思主义的列宁主义、毛泽东思想,本质上是探寻落后国家如何向社会主义过渡、采取何种道路实现社会主义现代化的问题;21世纪马克思主义理应沿着这一根本思路,以中国式现代化全面推进中华民族伟大复兴,为人类实现现代化提供新的选择。马克思主义发展也从来与吸收人类文明发展成果本质相关。当今,我们应基于中国式现代化新道路和人类文明新形态,创新发展21世纪马克思主义。

21世纪马克思主义,是基于世界社会主义运动中心转移继续推进理论创新从而开辟当代中国马克思主义、21世纪马克思主义新境界的马克思主义。21世纪马克思主义是与世界社会主义运动中心转移直接相关的范畴。21世纪,世界社会主义运动的中心已经历史性地转移到新时代中国,新时代中国已经成为发展 21 世纪马克思主义的实践发源地和理论策源地。因而,新时代中国共产党人和理论工作者应在守正并传承 19 世纪马克思主义、20 世纪马克思主义的基础上和前提下继续推进理论创新,开辟马克思主义中国化时代化新境界,创新发展 21 世纪马克思主义,以引领世界社会主义运动的发展。

21 世纪马克思主义,是直面"两个大局",基于"变革与重构"的世界来观察时代、把握时代、引领时代,进而聚焦新时代中国特色社会主义与资本主义的历史性变化来解答"世界向何处去"的马克思主义。21 世纪马克思主义既是与中国特色社会主义彰显其世界意义和资本主义历史性变化直接相关的概念,也是与 21 世纪世界所发生的广泛而深刻的变革本质相关的概念。当今世界正遇百年未有之大变局,处在新的动荡变革期,不稳定不确定性日趋明显。这是一个"变革与重构"的世界。"世界向何处去""中国怎么办"是"时代之问"。解答这一"时代之问",涉及科学回答 21 世纪"中国与世界的关系""资本主义与中国特色社会主义的关系"等一系列根本问题。这是发展 21 世纪马克思主义的应有之义。

21 世纪马克思主义,是为解释 21 世纪的世界并掌握理论话语权的一种科学理论体系。21 世纪马克思主义也是与解释 21 世纪的世界并掌握理论话语权相关的概念。21 世纪,世界历经百年未有之大变局,这是大发展大变革大调整的世界,它处于"新的动荡变革期",迫切需要给出理论解释。21 世纪是迫切需要理论解释的世纪,也是需要进行理论创新的世纪,谁能给出解释 21 世纪之世界的理论,谁就能掌握解释21世纪之世界的理论话语权。我们所创新发展的21世纪马克思主义,就是这样的马克思主义,其使命就是为解释21世纪的世界并掌握理论话语权提供一种科学理论体系。

三、怎样研究21世纪马克思主义

研究21世纪马克思主义,首先要搞清楚21世纪马克思主义的基础性问题,即其思想资源、研究对象、研究方法、内在逻辑、基本内涵、核心内容、总体框架和历史地位等。

19世纪马克思主义、20世纪马克思主义、中国化时代化的马克思主义、习近平新时代中国特色社会主义思想,以及国内外学者相关研究成果,都是研究21世纪马克思主义需要厘清与总结的思想资源,应进行梳理与分析。

21世纪马克思主义研究主要就是研究21世纪马克思主义与19世纪马克思主义、20世纪马克思主义的关系;研究21世纪马克思主义与中国式现代化、人类文明新形态、构建人类命运共同体的关系;研究21世纪马克思主义与世界社会主义运动中心转移并开辟马克思主义中国化时代化新境界的关系;研究21世纪马克思主义与"两个大局"、"变革与重构"、习近平新时代中国特色社会主义、资本主义历史性变化的关系,进而解读"世界向何处去"的"时代之问";研究21世纪马克思主义与解释21世纪的世界并掌握理论话语权的关系。

方法取决于问题的本性,我们应采取大历史观与马克思主义中国化时代化的分析框架,立足中国式现代化,展开对21世纪马克思主义的研究;要深入研究21世纪马克思主义的生成逻辑、实践逻辑、世界(时代)逻辑和理论逻辑等内在逻辑。

要研究21世纪马克思主义的原体性涵义、关系性涵义、时间性涵义、空间性涵义和功能性涵义等基本内涵。

要把习近平新时代中国特色社会主义思想及其原创性贡献与当代中国马克思主义、21世纪马克思主义的关系,当作研究21世纪马克思主义的核心内容。

要深刻认识到,发展21世纪马克思主义,是继续深入推进马克思主义中国化时代化进而推进理论创新提出的一个标志性论断,是中国理论走向世界和未来的标志性符号,也是对习近平新时代中国特色社会主义思想之历史地位和世界地位的政治判定,而发展21世纪马克思主义之实质,就是要持续深入推进马克思主义中国化时代化,使"中国理论"走向世界,用习近平新时代中国特色社会主义思想解释世界与观察时代、把握时代、引领时代,使习近平新时代中国特色社会主义思想成为21世纪马克思主义的核心理论形态。

研究21世纪马克思主义,不仅要注重"全面",对其作出全面系统的思考分析,而且也要注重"重点",抓住其根本问题进行深入分析研究。中国式现代化、人类文明新形态和构建人类命运共同体,是发展21世纪马克思主义的三大基石,应立足于中国式现代化、人类文明新形态和构建人类命运共同体及其递进逻辑,深入分析研究21世纪马克思主义。

研究21世纪马克思主义,最关键的是要深究21世纪马克思主义的哲学根基。中国式现代化的本质特征所蕴含的哲学根基,是"主主平等普惠"。发展21世纪马克思主义,就要把"主主平等普惠"作为哲学根基。